AQUARIUS

AQUARIUS

AQUARIUS

AQUARIUS

Vision

一些人物，
一些視野，
一些觀點，
與一個全新的遠景！

死亡癱瘓一切的知識

臨終前的靈性照護

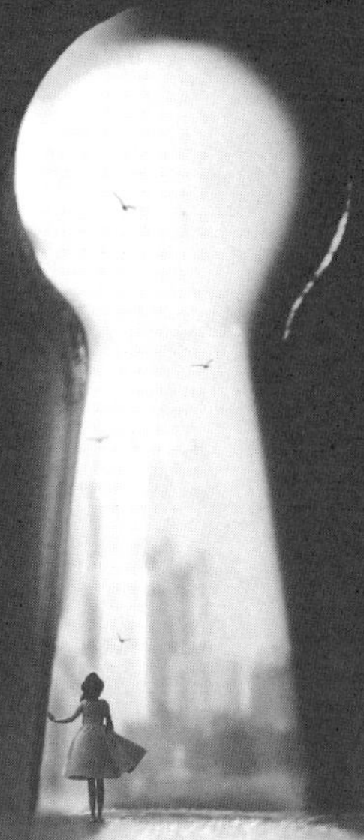

張明志醫師｜著

【推薦文】

讓生死兩相安，醫病有共鳴

◎何景良

「臨終前的靈性照顧」喚起了腫瘤科醫師在醫治癌症病患的艱辛過程中，最欠缺的心理治療。

此次應我們的心靈導師張明志醫師的邀請寫序文，張醫師以其多年陪伴末期癌症病患所體悟的靈性關懷經驗，不分宗教信仰的理論及體驗，撰寫出最接近癌末病患的臨床關懷。藉由個案討論的帶領，讓讀者可體會各種癌末生理現象的靈性表達，合理解釋各種靈異的環節，以宗教關懷的理念去完美闡釋，對專業的醫護人員也可啟發其靈性領域的教育。

其實，這些都是課堂上學習不到的體驗，是照顧癌症病患的過程中才能有的親身體會及經歷。

新冠肺炎疫情再起之際，在恐慌的情緒中，我們都感受到感染死亡的威脅，我們都祈求平安度過這個世紀的大感染，但也看到了見不到家人的痛苦。我們要有四道人生的體悟，不要留下永久的遺憾。雖然新冠肺炎台灣的死亡率偏高，這也許是靈性慈悲關懷的愛心，讓醫護人員及家屬放手，才是眾愛的表現。

期待這本書可以啟發醫護人員，提升對末期病患的靈性關懷，讓醫病關係產生靈性的共鳴。不但讓生死兩相安，也讓醫護人員的辛勞畫下完美的句點。

何景良
國防醫學院副校長、三軍總醫院醫療副院長、台灣癌症安寧緩和醫學會理事長。

【推薦文】

臨終文化無法傳承——談靈性陪伴

◎許禮安

我當醫師屆滿三十年，從事安寧療護工作初期就讀過張明志醫師的著作，很榮幸毛遂自薦而能為前輩醫師撰寫推薦序。我過去在安寧病房和「安寧居家療護」服務，遇到不少如同書中描述的「靈異事件」，可以補充個人臨床經驗與思索生死的淺見。

安寧療護強調「尊重末期病人的自主權與個別差異」，講求「全人照顧」，身、心、靈的完整照顧，包括：「身體、心理、社會、靈性、倫理」的全人模式。當醫療對於「治病、救命」已經無能為力，便會加強在疼痛控制與症狀控制，在身體照顧之外，還有心理、社會、靈性的困擾，也要想盡辦法去化解，讓末期病人還活著就得到安樂。可以「安樂活」，就不需要「安樂死」。安寧療護是「安樂活」而後「自然死」，要先追求「善生」和「善別」，才能順理成章得到「善終」。

我一直認為，文明與文化無法傳承的，正是臨終與死亡。「臨終經驗」的狀態是愈接近臨終，愈無法傳承，這是人類的文明無法留下的紀錄。因為人類文明與文化的傳承，必須依靠語言或文字為媒介，經由口述或是手寫，而有世代的「說書人」或留下歷史文本。末期病人還有語言、文字、眼神、肢體動作、點頭搖頭、眨眼閉眼等溝通方式時，或許還能知道他的處境，但如果末期病人昏迷三個月之後死亡，病人的身心靈在這三個月發生了什麼變化，我們完全無從得知。

我們連進入昏迷或植物人狀態之後的「臨終階段」都無法考察，只能從比較切近的「臨死覺知」談起。可惜專業人員有我說的「專業智障」，通常不願意承認、討論與記錄臨死覺知，只能從我臨床上安寧療護經驗的少數紀錄來拋磚引玉。我都說，恐怖電影裡面最恐怖的東西，不是那些看得見的怪物，而是一直不出現、看不見、不知道是什麼的東西才最恐怖。死亡也是如此。當我們都聽而不聞、視而不見、避而不談，死亡就成為集體潛意識裡最深沉、最可怕的陰影，纏著我們不放，到死為止。

有些在醫院一般病房不能說出口的事情，在安寧病房卻列入交班事項。有病人對護理師說：「窗外有個穿白衣服的長髮女生走過去。」可是安寧病房在三樓，窗戶外面沒有陽台，我確定那個女生應該是飄過去的，俗稱「阿飄」。有位媳婦照顧婆婆，有天早上跑來跟我說：「許醫師，我婆婆今天怪怪的，她一直朝左邊跟我公公講話，都不跟我講話，可是她平常都朝右邊跟我講話的呀！」我問這位驚慌的媳婦：「你公公還在嗎？」她回答：「死很久了！」臨終病人可能已經看不到活人這邊，反而看到另一個世界去了。

這類事情在安寧病房之所以被列入交班事項，用來判斷病人是否瀕臨死亡，是因為有時候「臨死覺知」比「瀕死症狀」和「生命徵象」都來得更準確，而且可靠。我告訴大家一個合理的推論：說不定臨終的身體狀態，會讓病人打開「天眼」或「第三隻眼」而看到另一個世界。現在我們都還是健康的肉眼，只能看到現在這個世界，因此我不能跟臨終者辯論，除非我天生有「陰陽眼」。我們把這種態度叫做「存而不論」：另一個世界可能存在，但我沒有任何能力與證據足以證實或否定這種存在，因此我不夠資格跟你辯論說有或沒有。

當末期病人躁動不安而拉緊床單，看到一些幻影或說出奇怪的話，這可能是「瀕死症狀」，但也可能是「臨死覺知」。以我在心蓮病房的照顧經驗，我把它分為三類：第一種是最高段的，能「自知時至」，病人會主動告訴家屬或醫護人員，自己還有幾天或某月某日將會死亡，而且真的鐵口直斷。我經常提醒自己，修行功力不能只看表面，要知道有些人深藏不露、莫測高深。

第二種病人則「若有所見」，看見更高的主宰，或已經往生的親友來看他或說要帶他走，沒有多久就死了。看到阿彌陀佛、觀世音菩薩、耶穌基督、聖母瑪利亞等要來帶病人走的，不勝枚舉。

有次，我假日在安寧病房值班，一位病人的女兒說：「許醫師，我爸爸說他看見老朋友要來帶他走。」我問：「那個老朋友還在不在？」她說：「不知道，很久沒聯絡了。」他們去打聽後才知道，原來那個老朋友已經死了。這是對家屬做「瀕死衛教」的最佳時機，知道親人死後在另一個世界有朋友陪伴，至少有些心理安慰。

第三種病人是「若有自覺」。生命最後幾天吵著說「我要回家」，回到家有時病情會稍微好轉，就是一般人常說的「迴光返照」，時候一到就永別。特別是老人家，習俗上要留一口氣回家，可能身體到臨終階段會發出某種訊息，讓病人覺得該回家了。

以上都是「臨死覺知」的現象。

這並非怪力亂神或危言聳聽，美國也有「臨死覺知」的例證。我十年前寫過〈最恐怖的是看不見、聽不到、又不能談論的死亡〉一文，為《最後的擁抱——來自資深安寧護士、撫慰病患和家屬的溫暖叮嚀》（野人文化出版）推薦，作者是美國的安寧護理師瑪姬．克拉蘭、派翠西亞．克莉，早年是正中書局出版的《最後的禮物》。

我期待有更多本土「臨死覺知」與「靈性陪伴」的著作，畢竟台灣的病人臨終時，不會看到美國人看到的「東西」，當然也不會死得像美國人一樣。我們不能總是看著外國人的死法，來幻想自己將來必然的死亡情境。張明志醫師這本《死亡癱瘓一切的知識——臨終前的靈性照護》，正是極少數台灣本土化「臨死覺知」與「靈性陪伴」的紀錄，值得安寧療護工作人員、安寧志工，以及未來必然會成為家屬與末期病人的我們閱讀參考。

——二〇二一年七月十四日，「台灣安寧日」亥時定稿，寫於高雄安居

許禮安

家醫科、安寧緩和醫療專科醫師。現為高雄市張啟華文化藝術基金會執行長、衛生福利部屏東醫院家醫科兼任主治醫師、台灣安寧照顧協會理事、台灣安寧緩和醫學學會理事、高雄醫學大學生死學與生命關懷兼任講師。

從事安寧療護二十六年，曾全職在安寧病房第一線工作約十年，並在花蓮開辦兩個安寧病房，分別為花蓮慈濟醫院心蓮病房、衛生福利部花蓮醫院安寧病房。

著有《我們只是暫時還沒死》、《生死關懷的一百個小故事》、《我對安寧療護的顛覆思考與經驗談》等書。

【推薦文】

靠近死亡，我能做什麼呢？

◎黃軒

一個人一生中的最後幾天，可以稱為末期時期或瀕死階段。

每個人的死亡經歷不盡相同，可能很難知道一個人會在何時到達生命的最後幾天，但仍有一些常見的跡象，可以幫助您跟瀕死者，好好地說話。這時可以進行最後的溝通，或者，宗教儀式、靈性懇談，也是圍繞在即將死亡的人身邊的方式。

一個人即使患有絕症已有一段時間，到達生命的最後幾天，也會恐懼和焦慮。即使有了信仰，對於死亡也未必就有勇氣，我在臨床上看過太多太多人，有僧侶、有宗教師的滿滿祝福，依然有著滿滿的疑慮。因此，和病人及對他們重要的人，一起談論所發生的任何事情也很重要。

我在臨床工作中，看到很多家屬在病患生命最後時刻，都會失去和病人說話的勇氣，真的太可惜了。在死亡到來之前，大家都當有勇氣在生命即將消失殆盡的路上，進行心靈的對話。但現實情況常常不是如此。

「小孩子不懂，等下見到阿嬤，不要亂說話……」我曾聽到一位單親母親這樣交待她的孩子，當時她的孩子大學二年級。五年後，我遇到一個燒炭自殺的年輕銷售員，一氧化碳中毒，在我的加護病房接受治療。後來才知道，原來他就是之前那位大二學生。

當年媽媽禁止他向阿嬤「亂說話」，他只能默默地，眼睜睜看著一手撫養他長大的阿嬤往生。從此以後，他耿耿於懷、鬱鬱不樂，覺得自己已經長大，卻無能為力，無法在阿嬤生命的最後說愛她。於是，他憂鬱症加重，選擇了自殺。他想要去找阿嬤，跟她說抱歉。

我們平常都愛說話，但在一個人生命的最後，身為家人卻都不知道怎麼說了。甚至還期待，最好可以不要面對末期病人，說什麼道別、道謝、道歉、道愛的話。但同時，卻又期待末期患者能對家人道別、道謝、道歉、道愛。我稱之為「家屬在生命最後的自私」。

其實，在病人生命的最後階段，家人也當向這位至愛的家人道別、道謝、道歉、道愛才對。刻意阻撓其他家人道別、道謝、道歉、道愛，可視為相當不仁道。這位年輕人選擇了激烈的手段，只因失去至愛的阿嬤時，自己連最後一句話也不能說。

●

幾乎在瀕死邊緣的人，常常問我一個問題：「我還能活多久？」

其實，醫師並不能預測末期病人會在什麼時候往生。也許我們會說幾週、幾天或幾小時，例如當某人的病情每週不斷惡化，我們預測可能還剩幾個星期，而當病情一天比一天惡化，那麼病人的生命可能還剩幾天。但是每個人都不一樣。有個末期病人，我們預估他的生命只剩下三個月，結果他半年後還活著。

面對死亡，我們幾乎很難做出任何具體的預測，說一個人將可以再活多久。有時預測失靈，可能還會給病人帶來極大的痛苦。我那位活超過六個月的病人，當末期疾病被拉長超過六個月，他和家屬沒有一個人能諒解，他們認為我在延長病人的痛苦。

所以，我後來發現，對於死亡將近的人，我們不一定需要回答「你還能活多久」。因為身體是他們自己的，他們最知道自己日漸消失的體力還剩餘多少。這時，更重要的是協助病人和家屬去探索他們內心的擔憂，甚至死前的願望，藉此鼓勵末期病人跟重要的人共度最後的美好時光。往往有些病人和家屬會在這時悲喜情緒反反覆覆，而有些人，還會一直想著去哪裡玩呢。

所以，我鼓勵大家為臨終者做最好的安排。這麼做，在病人往生後，家屬仍會有滿滿的祝福和安慰，因為在病人的生命最後一哩路，大家都有真情流露地陪伴病人。

●

醫生是人類，不是神類。醫學不是全部的科學，而科學，也只是浩浩學海中的一門小小哲學。我很感動張明志醫師在專業的行醫道路上，也謙恭修行於佛學，而我身為佛子一名，也願為佛祖慈悲喜捨，守護病人生命的最後一哩路。願眾生離苦得樂。

——二〇二一年七月十日，下午二點三十分，寫於台中

黃軒

重症醫療醫師，醫學博士，專欄作家。

著有《因為愛，讓他好好走》、《還有心跳怎會死？——重症醫師揭開死前N種徵兆》、《肺癌診治照護指南》、《生命在呼吸之間——胸腔科病房的真情故事》。

【再版自序】

知生、也知死的人生哲學

科學總是有盡頭的，可知論常會遇到無法解釋的情境。從醫者的角色成為病患最貼近的送行者，最為困擾的事情之一，包括所謂的「靈性干擾」。所以，即便本書已絕版多年，仍有值得再探討的議題。例如：如何鼓勵臨終者及家屬正面看待？如何利用醫學（科學）、心理學、哲學、宗教得到啟發，轉化煩惱為菩提？又，其他教友、蓮友如何從別人的往生過程與經驗中，自覺、覺他，進而覺行圓滿？或可說是中陰身的經驗分享。

本書自二〇〇八年出版（原名為《癌症病房沒告訴你的事》）後，多數讀者關切的議題是「靈性困擾」——什麼樣的人比較會發生？它的意義為何？可有解決的方法？

眾所知道，印度的德雷莎修女於西元一九九七年過世，她於一九七九年獲得諾貝爾獎和平獎，全部捐給修女會，但是生前她承認她的靈魂中有很多衝突。她對上帝深切渴望，卻不為上帝接受以致成了痛苦。（維基百科）

她認為她是黑暗的聖人，過世前數個月醫師報告有睡不著及譫妄的困擾，醫學上無法解釋，最後接受天主教神父很罕用的驅魔儀式而得到平靜。修女在最後的日子裡常常胸口疼痛、呼吸困難，死於心臟驟停。《楞嚴經》卷八言：「一切世間生死相續，生從順習，死從變流，臨命終時，未捨煖觸……死逆生順，二習相交。」一生善惡行徑，頓時乍現。

「自我覺知來生的審判與去處」，這是所謂靈性干擾，臨終之人特別於常人之處，心靈上的壓抑與昇華就是兩習（習性）相交。也可以視為臨終之人也有自卑與超越的情結。譫妄也是臨終者死前之最後呼喊，希望藉此得到救贖。

這本增修版，增加了〈靈性困擾之初探〉以及〈從《楞伽經》談解脫〉，完成知生、也知死的人生哲學。希望可以補強另一本著作《隨時放得下的功課》有所不足之處，同時，拋出此議題與從事臨終關懷者分享經驗。也很感謝聯合報系寶瓶文化總編輯朱亞君女士促成此書之增修再出版。

【原版自序】

癌症病人的靈性困擾

癌症病人有半數以上，曾經歷靈性上的困擾，尤以安寧病房的病人，或瀕臨死亡的病人比較多見。「靈性困擾」的涵蓋意義很廣，包含病人意識上或潛意識裡、自主的或不自主的、他人可以察覺或不能察覺的、精神上或肉體上的痛苦或不適。大多數情形皆屬於科學及醫學所無法解釋的範疇，故概括以「靈性」來定義之。

現代醫學策略主張以「身、心、靈」合一為治療主軸，不僅要治好病人肉身上的病痛，還要進而得到心的調和，但其中，靈性上的適應與接受最難達成。在藝術表現上，可見到形態、神韻及意境上的表現。但醫學是科學，處處講究證據，對於如何能在神韻及意境上，診斷出病人心理的不調和及靈性上的困擾，是很難描繪出一個輪廓的。所以臨床上，照顧病患的醫護人員很難在此領域做出有效的診治及照顧，這些情況遠超出一般心理學所能解決的範疇，也很少有人對這類病人做催眠分析或精神治療。現階段的腫瘤精神醫學所能提供的幫助亦十分有限，通常都以譫妄（Delirium）或調適不良症（Adjustment Disorder）來歸類，但很少有人做長期追縱，並提供有效的藥物治療或解決方法。而藥物治療方面，多數以精神安定劑、抗憂鬱劑，或少數以思覺失調症用藥來治療，絕大多數的精神科治療都無法解決病人的靈性困擾。

因為很多時候，病人的精神狀況與平常人無異，感性與理性都很正常，但到了半夜就開始發作。此時只有照顧者、親人、看護，或少數值班護理師可以看到很不尋常的靈性困擾，或病人不尋常的舉止。

最常見的描述是：「燥動」、「說夢話」、「自言自語」、「奇怪的比手畫腳」、「幻覺」、「幻聽」。病人有時知道自己怪怪的，有時渾然不知自己的異常行為。很有趣的是，病患家屬對這些所謂的「靈性困擾」，都不願意驚動主治醫師，多半自己尋求其他管道來解決，例如：尋找宗教上的協助。天主教、基督教會藉由牧師、神父的帶領禱告；民間信仰會祈求神祇之保佑，驅魔、符咒；或是佛教的誦經、祈福法會、做法事來消障解厄，以達制化之功效。捐款、行善也是常用的方法之一，究竟果效如何，就如人飲水了。

其實古今中外都有相當多的靈性困擾的記載，其中不乏歷史上偉人、名人的軼事。這不表示一般人沒有，而是任何人都可能發生靈性的困擾，畢竟生死大事會如何落幕，是非常耐人深省的。但是，華夏子民深受儒家思想的深遠影響，「子不語怪力亂神」，故每遇此種困擾，總以敬鬼神而遠之的畏懼態度處之，任憑病人自己去面對。

然仍有不少孝順的子女，希望能在臨終關懷的最後一程盡些心力，讓他們的至愛能一路好走，無牽無掛。在安寧照顧已經漸漸上軌道的今天，就愈發顯現能力與技術上的不足，但又無法全盤接受某些宗教或神祕儀式的介入，因此每每各行其是，或充耳不聞，使用藥物讓病人昏睡或加速進入彌留，以減少家屬的不安。但實際上對病患而言，或許留下一些未解之契機。

本書乃個人臨床的經驗，希望能為深度靈性困擾的病患及家屬，提供一些看法，讓往生者一路好走。

【寫在前面】

靈性困擾之初探

十三年前我寫下《癌症病房沒告訴你的事》，當時心境中仍然有我，仍有少許的我所、我執。經過這些時光的沉澱，於二〇二〇年出版了《隨時放得下的功課》，再回頭看二〇〇八年出版的書，有著深一層的了解，就如同回顧心路歷程一般，能從更高的角度來觀察生死、入世的生命真諦。

從有我、有生，到無我；有老死，到無老死、無老死盡；有鏡子，有鏡中像，到無鏡中像。乃至於有鬼神，到無鬼神，與某種情境下的鬼神。換言之，是生滅法的輪轉，「業相」與「識」到「藏」的流注，表象與本質之功、趣、道、俗的面向；是從簡單到複雜繽紛，最後返璞歸真，到生命的靜止、寂滅的過程。

生命末了，或到達圓滿、平和，或到衝突的最高點，就是人生大戲的高潮。是方生方死的輪迴，或是梵行已立、不受後有的最後試煉，因果之流轉皆因眾生心想生。「始從一念終成劫，悉因眾生心想生，一切剎海劫無邊，以一方便皆清淨。」（《華嚴經》，卷七）

業相、真相、轉相、流注、藏

什麼是業相、真相、轉相、流注、藏？

例如冰與水是我們看得到的，水蒸氣是看不到的，從冰融化為水，以及從水蒸發為水蒸氣，就是轉相，這種過程在《楞伽經》中名為流注。所以冰、水、水蒸氣是不一，不異，它是樣態的改變，受了外在環境、溫度冷熱的影響變過來變過去。本質是不生不滅。有生、有死、有老死對嗎？《心經》又說無老死，之後又否定無老死，故稱為無老死盡。

水蒸氣是藏，死亡後也是藏，會復活，也會輪迴。我們的功課就是跳脫輪迴，佛教稱為寂滅。就是止住「業相」與「識」到「藏」的流注等諸樣態之輪轉。就是把輪轉的動能靜止下來，例如「愛」、「取」，也就是我要、我所，起心動念就是執著。鬼就是執著的代表，所以鬼其實是待轉化的暫時境界。死亡前的譫妄，就是此轉化動能卡住了，無法進退。

●

眾生常問，什麼是真相、實相，何者為假？

佛告大慧有三種相，分別是轉相、業相與真相。三者因業而流轉，業相經由轉識而滅，就藏起來了。那麼，真相識會滅嗎？既然「藏」就實不滅而是業相滅，但生滅若滅，藏識亦滅。

譬如泥團，泥團裡有很多數不盡的微塵，彼微塵與此微塵，非異非不異。業相因次第流轉，所以不言真相、假相、實相，有相即落兩邊，不成正覺。

這種非異、非不異的轉生滅動能成靜止，就可不勤因緣，不以因緣為藉口，遠離內外境界，如海市蜃樓般。

《楞伽經》的名言：「心外無所見，心現無所有」，如此可以證得如幻三昧（正、定、覺），所謂金剛喻三摩地，離心、意、意識，得如來身，俱足莊嚴、慈悲。

我們為何做不到清淨？

我們的每一次起心動念，都把人世間的妄念當真，所以業風飄蕩，劫數難逃。法性如如常不動，法性究竟無生起，是眾生的執念，有過去、現在、未來的計度之心、欲望心，生起種種妄想。神人不調和，就是妄想無法融入現實；無法原諒自己，別人也無法解開束縛。心思紊亂，思覺失調因而湧現。

為何說人們有種種想法，對世界有個輪廓的認識，包括理想（型）的概像，置入自我，再用現實可能會發生的情境來調和。似乎是可實現的夢想，看看別人，再看看自己，總以為人生就應該是這個樣子，每天都有一個心在盤算：如何可以升官發財、不勞而獲、過著輕鬆愜意的生活，最好還有親愛的家人作伴。

我們說，過去心不可得，未來夢也不可得。有人反對佛教的說法，認為出世觀太重，這樣生在人間有何幸福快樂可言？處處受約束，又需天天精進，並侍候臭皮囊，服務大社會，不僅功成弗居，且無為而為，默默地無所不為。

相對地，現實社會是自私自利，功利並進的實用主義，這是兩個極端，那麼中庸又如何調和？想想這些只是物質社會的進步，卻是神性、靈性文明的退步。

主要關鍵是「我」存在——我要過好的日子，我要長生不老……科學忠於人性，所以站在科學的前端，有了「人生就是要當勝利組」的執念。

但是，幸福快樂是善用金錢可以購買的？脫貧就可以幸福嗎？

生老病死是脫貧仍無法解決的事。

●

我們看蘇軾的〈前赤壁賦〉：「……固一世之雄也，而今安在哉？……侶魚

蝦而友麋鹿。駕一葉之扁舟，舉匏樽以相屬；寄蜉蝣於天地，渺滄海之一粟。哀吾生之須臾，羨長江之無窮，挾飛仙以遨遊，抱明月而長終。知不可乎驟得，託遺響於悲風。」

聽清風，觀明月，耳得之而為聲，目遇之而成色，取之不盡，用之不竭。這是大自然、造物者賜予每個人最好的禮物，清心（寡欲），自在（隨緣），吾人夫復何求？

「實」的是清風長在，「虛」的是眼見世界的成、住、壞、空，有相的萬物是虛的，無我相，眾生相，壽者相。借來用用，或看不見的，或暫時陪伴的，所謂的一合相也不能言說虛實，只是譬如明鏡，物來則現，物去則藏。在交錯的剎那間成聲，有色。人生亦如蜉蝣，也如滄海之一粟，微不足道。

唯識論家常語：「轉識成智。」任何五官、六識所對應的外在世界訊息，認知都可以轉換為我們可用的智慧，而不被外物所迷惑，所謂物物而不物於物（人可以控制物質，而不被物質所約束）。換言之，就是借假修真。同分假立，不妄執有我，也就是強調離心識外，沒有實體存立。

但是「有我」會造「業」，若「業」存立，是否「我」亦成立？業就是煩惱的果，其實是外來的，所謂客塵煩惱。若煩惱不在，客塵亡，業亦亡，心識隨著煩惱而流變。

有客塵煩惱，名為「有漏」，無客塵煩惱即為「無漏」。圓滿而無缺點的無漏，就是大智慧，所以將煩惱的意識轉化為無漏的智慧，這就是法輪常轉。若轉過去了，又再轉回來，那就是退轉，當欲望再度升起，也會注入能量，啟動退轉，回復生死之有情眾生，諸惑生業，業障生起耽愛、我執，業風隨之飄動（善、惡循環，輪迴）。

所以，我們時時要去掉欲望，不要成為屋奴、錢奴、衣奴、情奴、權奴、名利奴。這些煩惱都是人性枷鎖，類似阿修羅的行為，耽溺於物質享受，來世將有苦報。

識、業、藏的生滅流注過程

這裡我想借用《楞伽經》來解釋何謂共相、一合相、識、業與生、滅、有、

無及藏的關係。也就是動與不動的流注與變化，也就是為何有止觀、中觀、法輪常轉的理論。了解這些機轉，就能明瞭為何《心經》云：（有老死）無老死，亦無老死盡，也知道如何不生不滅，不垢不淨，不增不減，及色與空的關係；最後清楚空中妙有的真諦。

西方哲學的辯證，有唯心論、唯物論、唯物辯證論、方法論、實證主義、存在思想，乃至於心理學的應用。這些談的都是「有相」。《金剛經》言：「有相則為垢，無相乃見佛。」所以哲學理論基礎，是以「有我」、「我存在」為出發點，說明小我與社會環境的大我如何互動、安身立命。

東方哲學的主張則偏向安天順命，道法自然的結果是「天人合一」，最後達到莊子所言的「今日吾喪我」之境界。方知有天籟、地籟，也如同蘇軾〈前赤壁賦〉中之禪境，耳得之而為聲，目遇之而成色，取之不盡，用之不竭。以不變而觀之天地與我合一。

但是眾生的思維中，仍然是「我存在」，「我是我」：我要幸福、我不能死……這些都執著於暫時化現的「相」、「我」的感官。眼、耳、鼻、舌、身傳遞了我相的存在，這是「識」，藉由自由意識來統合運作。這六識勾動我們的情仇愛恨，感性與理性交融，再轉成「業」（Karma），最後經由業，藏於阿賴耶識（執著、藏）。先體認業相與識、藏的轉化，再經由認知而執行此法輪，可以得到解脫；若仍有些許執著，則再流注存取於雲端記憶，「藏」，靜待未來處理。

佛家認為人有三身，即法身（真我）、化身、報身（別人看到的現實你）。法身是「藏」，報身是「識」。「識」是有相，凡有相之事物個體都會成、住、壞、空，也就是生滅。

人的死亡也是生滅，六識亦隨之而滅，最後經由暫時的第七識「末那識」（恆審思量），將未被生滅過程刪除之記憶、執著、習氣、業力存取於第八識，也就是「藏識」。若要打破這些循環，就必須毀掉生滅的流注，所謂生滅既滅，寂滅現前。

如何做呢？就是把推動業的動力，「愛」與「取」，給靜止下來，也就是解脫七種性自性：因、性、緣、成、相、集、生。識是動、是有相、有生；藏是智、是不動、無相、是滅。做到有無生滅都不是，才是真正轉識成智。

《楞伽經》第二卷的重點，就是利用海波浪的隱喻來說明。大海波浪性，生起

又滅，既滅復起，業如海浮木，無所有，無定向。「藏」與「業」如同生生滅滅。

我們看世間事也應如此。有、無、俱離，不落兩邊，又譬如明鏡，應物而不藏，不將不迎，故能勝物而不傷。（《莊子．內篇．應帝王》）

大海波浪性，因風起波浪，個個不相知。活在當下就是不問前浪如何，後浪又如何，不可得不可追，方有旋無，既得又失，失而復得。就是有、無、俱、離，觀一切法。故曰：法界如如常不動，法界究竟無生起。一切如海市蜃樓般，見非所見，名非所名。

回頭再看《楞伽經》第一卷的重點，大慧菩薩提了很多問題，包括緣起如何來，談生、滅，又心、意、意識與藏的關係為何，色與欲如何能究竟，如何能生定、覺，而證得菩提……

佛陀正答所提問也很有趣，例如：不生句生句，常句無常句，相句無相句，住異句非住異句，剎那句非剎那句……見非所見，名非所名。乍看之下，誠如禪宗所言，有說即不中，說什麼，就不是什麼，所以粗略以不落兩邊來解釋「見非所見，名非所名」。邏輯上就是不一，不異。但清楚地講，是從共相的角度而言，若是更多元的相次，則為平行的一合相。所以，比較好的說法是同分假立，不著文字，不可言說，不著於理而不妄想。

《楞伽經》的精髓就是以四句「有、無、俱、離」觀一切法，一切法相無計著，回到第一義諸法空相，涅槃寂靜。不說常也不說無常（斷常二俱離）。就如同雞生蛋、蛋生雞，到底是雞或是蛋先有呢？不可說因，不說無因，不說一字，不答一字（《楞伽經》，卷四）。因為法離文字故。就如同性自性，七種樣態之流變，都起因於貪愛與耽著、迷戀。因迷而生妄想，因妄想起而造業，因業而業風飄蕩。

文字般若，實相般若，動念成劫，心想念成，一剎啟動無限劫。禪宗不立文字，教外別傳，以心印心。莊子則言：「道惡乎隱而有真偽？言惡乎隱而有是非？道惡乎往而不存？言惡乎存而不可？道隱於小成，言隱於榮華。」（《莊子．內篇．齊物論》）

● 入世不被物所迷惑：入世不溺於世，不攀緣。

我們遠觀山有色，為何說是心外無所見？因為這些色是目遇之而成色，借來用用，有些眼疾者看不清楚遠山的青翠或茫茫山嵐，但以出世的觀點而言，卻是無所攀緣，故曰無所見。

生滅的道理也是為此。站在出世的角度而言，識相既藏，終滅。對於一果、二果位的仁者，則仍有滅後而生（《金剛經》，須陀洹果位），再復熄滅，斷苦、空二障。這是世出世間之必經修行之路。

靈性困擾與神鬼的關係

最後，我們嘗試帶入神鬼的問題：鬼從何而來，神鬼的關係為何？為何有些病患在臨終前會發生精神錯亂、幻聽、幻覺、調適不良？

現今正名為「思覺失調症」（Schizophrenia，原譯為精神分裂症），另亦有多重人格障礙的案例。問題是，為何人格及思覺正常的人，瀕臨癌症末期的死亡時刻，會有人格如此大的劇變？

這些是長久以來，從事安寧臨終照顧的最大挑戰。本書就是呈現諸類臨床上觀察到的現象，尋找解決之道。

大部分臨終病患的心理調適可以用心理學的觀點解釋，但也有不足之處。古典心理學或者在潛意識，或者是佛法所言，第六、七、八識的轉化出現了極大的衝突，病患受不了理性與感性的不協調，如前述兩習相交，死逆生順，一生善惡行徑頓時乍現。因為想要超越，自我無法放下；因為自卑，無法面對它、處理它；或是出現了外來靈性磁波的干擾，而造成思覺失調。

在我行醫的經驗裡，會從第七、八識的導根著手，借用佛的咒語啟開病患的阿賴耶識（如物理學的移除受意識影響的量子糾纏，將意識單純化或靜止，由引導者帶領，集中思緒減少靈性磁波的干擾），以重新審視入世、出世，及諸世的業障與開悟紀錄，整理出病患此世最後的功課（做多少，算多少）。同時，同理他們，引導他們心平氣和或歡喜度過此世之生死關。

如同心理分析一樣，需要專業與經驗，也要有很大的慈悲心，加上病患的願力才能圓滿。

當我們看透虛擬的花花世界，就會領悟莊子所言：「達生知情者，不務生之所無以為；達命之情者，不務命之所無奈何。……生之來不能卻，其去不能止。」

無我相、眾生相、壽者相，所以《心經》云：「無老死，亦無老死盡。」既然無絕對的生死，那就只是業相之轉換及生滅之流變。那麼，有鬼神嗎？《心經》又云：「遠離顛倒夢想，究竟涅槃。」所以，鬼、神也是暫時在特殊的磁場出現。我們若認知宇宙是虛擬的世界，地球是化現的，那麼民俗信仰的鬼神也是同樣似水中月、鏡中像。

至於為何我們的生活會受鬼神的影響？這點古今中外都認為世界有鬼神的存在，必須敬天、祭拜鬼神才能平安。

佛教、道教都有農曆七月十五盂蘭盆節的傳統祭祀活動，事實上農曆重大節慶期間，重病者病故或重大病情變化也多。這些經歷及習俗，都讓我們敬畏神鬼，自求多福，寧可信其有，或到有名的地藏王菩薩庵、城埕爺廟拜拜，或到保安宮，求保生大帝保佑。客家人也強調慎終追遠而民德歸厚，因而有守護客家人大遷徙的將軍三山國王廟、恩主公廟（關帝爺）、媽祖廟（福建、台灣大海守護神）等，在在將鬼、神、聖靈合為一體。這些習俗多少都是中華文化，都有民德歸厚的定心作用。

我們眾生其實也是神鬼複合體。良知是神，欲望是鬼，眾生死後執著，脫離業力之流變也會變成鬼，在人世間漂泊，直到開悟後放下執著為止。修行多世，累積資糧開悟，圓覺，登上一果、二果、三果至四果阿羅漢果位，也就是菩薩摩訶薩到了淨土。所謂仙佛都是過來人，放下屠刀、欲望之刀，就立地成佛。

《楞伽經》卷二，佛告大慧遠離妄想，即為一乘道覺，如聲聞，緣覺。

靜心、靜意為日常功課

有個說法，《金剛經》是頓悟法門，《楞伽經》是漸頓法門，《心經》則是頓悟法門之總結。誰才適合頓悟法門呢？其實是累世修行，佛法早已儲存於修行仁者的雲端記憶、根器、慧根，也就是積累之資糧，所以很快上手，觸類旁通。道理都知道了，就是行道的部分更須唯心直進。

比較起來，《楞伽經》的說理比《金剛經》更有層次，更能提點業、識、

藏、流、常、斷之相互關係。《楞伽經》是全盤佛理的脈絡，《楞嚴經》則為六識的同分假立，別業妄見做細部的演繹辯證。這些都是佛陀為讓仁者更進一步了解諸法性空、明心見性，因圓覺而解脫自在，解脫生、老、病、死，渡一切苦厄，而生成的經典。

《楞伽經》是漸頓法門嗎？大慧菩薩請佛陀解說諸法緣因之相，卷三第三節破漸俱生，漸次俱不生，為斷凡愚。不談因緣、次第，應拋掉慣用的習氣、妄想、言說，因為諸性無自性，亦復無言說。諸性若有性，則諸法非空相；若妄想自性，有緣起，則事事計度無法清淨。所以要從《楞伽經》談解脫，就先斷緣起妄想，返回第一義，不動地，無生法忍。

平常需要靜心、靜意、沉澱雜念，Reset，重新開關機，整理大腦的記憶體。到了生命重大生死關，更是重要關鍵時刻。此時我們需要學習什麼？非常時刻更需要平常心、清淨心，有法喜才會有歡喜心，有法喜才是俱足自在。

目錄

第一章

我還有多少日子

我還有多少日子

以科學的角度來看，最了解病患何時會身故的，其實是醫師。因為他們知道病情如何。但有時無常來得迅速，往往造成醫病雙方的緊張局面。

醫師溝通技巧的好壞，影響家屬能否理性抬頭。而病患面臨生死關時，能否用理性的溝通讓他們放下執著，則有賴病人心靈的成長。

方生方死，方死方生

許多宗教界人士認為，人活在世上是因為有原罪，而人生的路程就是救贖、

贖罪的過程，生死關也就是救贖之結束。救贖這件事並非每個人都能成功，因為人是不完美的，或許解決了一部分的救贖，卻反犯了一些新罪，所謂舊習未盡、新惡又起，反覆在人生苦海中沉浮。

想要解脫生死枷鎖，就是這麼困難。

「方生方死，方死方生」，莊子其實告訴了我們，在生命的洪流中，我們常迷失於某個看得到的相面，故無法齊物也無從逍遙。因為凡人太執著於「有」，而忽略了「無」。這也難怪人之於入世間，最大的功課是求生存；而生存必須憑藉「有」才會安全，於是乎思想全落在生存的危機上。

在多數人的認知裡，生、老、病、死的主軸仍是求生存的法則，舉凡科學的技能與教育，都在教導人如何活得更舒適、更享受。當然，也有些人已從人生中看破紅塵，尋找生命更高的境界：「無」的解脫與自在，以道、俗、功、趣這些不同的面向來體察人生的種種意義。

中央研究院社會學研究員、台灣大學社會學教授瞿海源認為，嚴重傷病的經驗，仍然對見神、見鬼有顯著的影響。有嚴重傷病者，往往被認為身和靈都比較弱，甚至容易受到不潔物，如鬼的侵襲，見鬼、見神的機率也比較大。（《新使者》，二〇〇六年八月十日，頁十）

靈性的困擾，一般都發生於生命最困難處、生死交關的地方，為何會如此呢？簡單地說，生死交關處，就是陽間與時空隧道的交界點，所以過去累世的經歷及現在的感覺，統統會在這時浮現出來，甚至可以見到不久的未來，例如：預見到自己的告別式、墓園等。

要認同這些現象不是幻覺，而是病患真實的感受，先決條件是承認時空隧道的存在，也就是累世的作為會影響未來的因果定律。這樣一來，死生也只不過是某個時空界面之交替，「方生方死，方死方生」就是這個意思。

而俗話所言「天人永隔」也不過是暫時的，只是此一永別，短則數年再見，長則數十年、甚至百年以上，純賴互相之因緣而定。這是周而復始的循環性，故莊子曰：「萬物皆出於機，皆入於機。」一道，就是天機。

生死雖說無常，但那是以人的層面及世俗的眼光來看。無常的意思涵蓋了迅速、捉摸不定、不可預測的風雲變色，不幸的意思。佛家說無常卻也拋掉無常，不著兩邊的境相。Comes around and goes around，就像風水輪流轉一樣。

人的貧賤富貴之變化也是捉摸不定的，與無常類似，但俗語中的「黑無常」、「白無常」，大多用來描述一個人的生命即將結束，被命運之神所提領。

醫師到底有多「神」？

以科學的角度來看，最知道病患何時會身故的，其實是醫師。因為他們知道病情如何，會好轉或繼續惡化，或此次可以改善／緩解，但也拖不久，短期的未來將惡化；可能是癌細胞最致命的反撲，或感染病毒、細菌，或黴菌之蔓延，這些都屬於可預測的。

有些人會質疑，醫師到底有多神、他憑藉的是什麼？有些病患家屬更不客氣地批評醫師：憑什麼說他們的摯愛親人所剩下的生命是這麼短？

其實，他們可以不用問醫師，也可以不相信，當然，只有「神」的大能可以決定一切。

但這些批評醫師的人，他們真正相信「神」嗎？相信「神」的人，會如此批評替神執行醫療行為的醫師嗎？

他們只不過是不滿意不好的結果的批評者——生病的時候，很客氣地（有些病患則是一點兒也不客氣）請醫師高抬貴手、醫治病患；病情緩解時，把醫師捧得像活菩薩似的，誇讚、恭維：「果然不錯，是名醫、神醫。」病情惡化時，卻又批評你不是神，不能決定要如何醫治，應讓病人及家屬有說話表達、決定如何醫治的權利……

於是，病情惡化時，往往醫師不再受尊重，甚至飽受批評。人性的百態就是如此，我等行醫多年，早就習以為常，終歸一句話：「人的德性被死亡癱瘓了。」

醫學上如何預估存活期？

那麼，醫師憑藉的依據是什麼？對疾病的了解最重要。

任何病，尤其是癌症，都有其自然病史。細胞形態、第幾期、轉移的器官（骨髓、肝、肺、大腦的轉移預後最壞）、血球數目、基因突變的表現、對治療（化療、放療、標靶之分子治療、手術有沒有乾淨）的反應好壞，病人的年齡、體能狀況、肝腎功能不全、病毒感染（B肝、C肝、EBV病毒、HIV病毒）等相關危險分子之參數，都有其Hazard ratio（危險因子參數值）。加以統計學之存活曲線，都可以概估病人的存活期間。

所以，當預估病情已開始惡化，而且對第二、三線化療沒有反應的病人，其實已開始進入衰敗死亡的過程：癌細胞不斷生長，而器官功能，如肺、骨髓，甚至肝，不斷往下衰竭。

再者，病人的體能表現變差，甚至絕大部分時間都臥床，或神志不清、日夜顛倒、半夜說奇怪的夢話（囈語），都已經是死亡過程的中段。最後，就是全面的潰敗，如胃腸出血、高燒不退、呼吸困難、胸痛、血尿、休克、昏迷等多重器官之衰竭。

其實病患家屬多半也知道時間差不多了，只是不知何時、能拖多久，最後病人會不會很痛苦，要如何才能減少痛苦等。醫師決定很明快的，通常會知會家屬，看是否停止積極治療的化療，但對有些人則持積極的態度，或許病患較年輕，故仍建議做更進一步的治療。若遭逢病故，家屬或抱怨醫師沒有說清楚，因結果與他們預期不同而無法接受，尤其是自費購買昂貴的藥品做孤注一擲者，難免有期待落空之不平。

案例討論

一位八十四歲的婦人，罹患第三期的B細胞淋巴瘤，是危險度很高的一種。

她受日本教育，水準很高，非常關心病情。她有三個兒子，老三在國內，非常木訥，對病情比較隨和，沒太多意見，完全聽從醫師；老大是主要的Caregiver（照護者），奔波於亞洲各地做貿易，非常尊重醫師，也非常配合，定期了解治療進度、緩解狀況，與各種CT掃描、PET正子掃描等追蹤檢查，甚至做詳細紀錄。

老婦人病情得到緩解，高高興興地過了兩年好日子，後來復發，再度使用MabThera（莫須瘤）單株體合併化療，繼續治療。又因年邁體衰，逐漸產生心律不整、心臟衰竭等化療相關之毒性表現，同時淋巴瘤已擴散開來，肝膽系統也出了毛病。

一開始尚能穩住病情，但我們仍下了病危通知，所以旅居美國的老二（已有六十歲年紀）從國外趕回來，以為要見老母最後一面。但當時病情得到控制，所以待沒幾天又飛回美國。

四個月後，病情再度惡化，老婦人仍表達希望救救她，像上回一樣用藥神奇。我們再度發出病危通知，但並非告知何時生命會終了，大約給了一個期限，一個月左右。當時正值歲末隆冬，距離農曆新年約兩三星期，我告訴她的長子、長媳及三子，大概時間差不多了，而且病情嚴重、病入膏肓，已沒有什麼新藥可用。

雖然病患本身仍有求生意願，但依醫學常理，心、肝、腎功能不佳，黃膽又發燒，我們依理不得再做化學治療。因為即使治療了，也不能延長多少生命。

若病人執意於此刻做化療，那麼最好轉院另請高明——如果你這麼想，就錯了。大多數病危的病人不會想轉院，而是在病情尚好時才會想轉院。此時決定者往往是家屬而非病患本人，而往往家屬之中也有許多不同意見，甚至會受其他親友的影響。

只要家庭中有主要成員看不開生死，就可能表達內心對醫療處置的不滿。這與疾病過程的長短、病患的年齡老幼、家庭經濟的富裕程度不一定有關，而與家族成員及病患的成熟度、對人生的看法是否豁達比較有關聯。

醫師溝通技巧的好壞，可以影響家屬能否理性抬頭。而病患面臨生死關時，能否用理性的溝通讓他們放下執著，則有賴病人心靈的成長。有些頑固、執著的病人，很難有心靈的成長，以佛教的說法，是「很難渡化」的。所以機緣很重要，有時太積極地勸病患放下、接受命運，會讓家屬覺得醫師不用心、專業不夠、醫術有問題，連帶批評醫師的醫德不好。

但是若明知不可為而為之，事後經由別人的評論，家屬又會覺得醫師騙了他們，明知沒救了，仍然自費購買昂貴的藥，讓他們人財兩失，真是早知如此又何必當初。這是所謂徒勞無功的治療。

命之將至，再多的科技、再多的金錢，也改變不了勢之所趨。此時應該進行良性的溝通，真誠告知臨床上的困境及未能滿足的需求。當下或許有好的臨床試驗進行中，好處和副作用、各種風險都必須被清楚討論過。

生命之無常

「無人有權力掌管生命，將生命留住，也無人有權力掌管死期。」

（《傳道書》8:8）

有時無常來得迅速，也會造成醫病雙方的緊張局面。

在農業時代，若得了癌症，大部分人都會覺得順其自然就好，反正也不能活多久了。到了目前二十一世紀，複製綿羊、基因工程及改造當道的年代，幹細胞、臍帶血的觀念非常普遍，換器官、做移植的新聞到處都有，宣揚科技的萬能才是媒體的焦點，殊不知有多少失敗的案例，沒有向大眾揭露。

基因治療，各式單標靶、雙標靶單株抗體治療，靶點轉譯抑制，多樣的免疫腫瘤及細胞治療，CAR-T細胞基因工程技術……這些都是目前腫瘤醫學的重點，有一些成功了，但也有很多失敗的案例。動輒三、四百萬台幣的醫藥費，大概也只夠用一兩年，即使稍微延長了病患的生命，卻不一定帶來正向的生活品質，又終歸死亡。許多情況下，只是種下健保沉痾的負擔，造成其他醫療費資源之排擠效應。

但即使如此，多數病患認為這是他們生存的權益，不容剝奪，其他人的排擠效應則是政府的事、健保署的事，與他們無關。健保署也做了一些因應，在某些支出成長高的地區，施行總額預算制度，以互相牽制或調控各科之異常成長，避免連年持續的虧損。畢竟適用於歐美及日本先進國家的合理用者部分分攤制度，遲遲在台灣無法上路，只好轉嫁到調高全民健保費用。

爭執的關鍵點在於人，有人高呼人權、平等權、生命無價的口號，所以醫界常流行一句話：「生命何價？生命不是無價，生命是健保價！」有些病患在生命的最後半年，耗費健保六、七百萬元，難怪一般民眾會認為生命無價、無比珍貴，好死不如賴活，怎麼能如此輕言接受命運。教訓義人，他必感謝你；教訓惡人，他必憎恨。

無常的來臨正告知我們，生命的來去不可測，絕非金錢可以決定的。面臨最後不可為的時候，例如急性白血病一再復發，兩三次的復發，多半已是多重藥物抗藥性，目前科技無法突破，未來也應很難突破。

疼痛控制或心理諮詢可以解決的。其中最困難的地方，在於每個人的問題都不一樣。而這些多半屬於心理及意識層面之上的靈性問題及困擾，也是人類面臨死亡前，最大最深的障礙。

每個人都想活而不想死，所以很少人是隨時準備好的，甚至有不少病人在困難的病情下，繼續接受毒性及副作用不小的各種治療，最後在醫院、甚至加護病房內過世，就連交代後事或道別的機會都沒有。

而相信有最後的審判及有來生的人，他們相信有「神」的存在，因而也能認同生死相續的道理。因為一切公義都在於「神」，並非人所能決定的，所以任何重擔都可以放下，煩惱也是枉然。我們姑且稱之為出世態度。

那麼，我們就可以將「方生方死」視為既出世又入世的人生哲理，也就不會在乎得失，凡事斤斤計較了。倘若不知生從何處來，又怎須在乎死往何方？

第二章

靈性困擾：面對死亡

靈性困擾：面對死亡

胸痛、呼吸困難、幻覺、幻聽、發燒、做惡夢，看到過世的親人、長輩、朋友……這些並非單純的身心症，也不是自己疑神疑鬼的心理，而是真正「精神上的困擾」。

難以被正確診斷的靈性困擾

・臨床表現與診斷

病患有所謂的靈性困擾，其中出現最多的是奇怪多變的症狀，諸如胸痛、呼

吸困難、幻覺、幻聽、發燒、做惡夢，甚至看到過世的親人、長輩、朋友。有時病人也不講，只是悶悶不樂，或是呈現憂鬱的症狀；而有時他們會以很多層面或機轉來呈現這些靈性上的困擾，希望醫師能幫他們解決。

這些並非單純的身心症（Psychosomatism），也不是自己疑神疑鬼的心理，而是真正「精神的困擾」。

身體的痛苦是不容易描述的，一般醫師的做法多是抽血檢驗，尤其是電解質，鈉、鎂、鈣，生化的阿摩尼亞（Ammonia），或影像學檢查，如電腦斷層掃描（CT Scan）、正子造影（PET）、磁振造影（MRI），看看是否有腦部轉移、血管問題，或胸部的腫瘤轉移等等，來解釋這些症狀。

甚至，病患死亡前一週會主訴吞嚥困難、胸痛、說話疼痛，有時醫師被逼得去安排電腦斷層、心電圖、心肌酵素檢查、胃鏡等。但往往結果都是正常的。反而細菌培養的結果，可能顯示是革蘭氏陰性菌的敗血症，但奇怪的是，一般非癌末的其他敗血病人，並沒有這些奇特的症狀。所以，許多情況下醫師會陷於五里霧中，雖知這病人情況不佳，但卻不知道敵人在何處、病變為何。

此時，病患往往合併高燒不退，甚至許多情形下，被臆斷為腦膜炎、腦炎，以致感染科醫師在會診情況下，會使用抗生素、抗病毒的藥，深怕遺漏此合併症而導致病情惡化。其實癌症末期病人死於腦膜炎、腦炎的情況是非常少見的，即使解剖，也很罕見此合併症。

嚴格地說，癌症病人的死因在許多情形下，並沒有出現大腦轉移或腦膜炎，所以這些症狀，應屬於「靈性上的困擾」。但診斷的先決條件，仍必須排除潛在的疾病，及可能的內科學上，真正的系統性合併症。

當病人發生這些奇怪的症狀，很少醫師會在病歷上做詳細的紀錄與分析。多數情形下，將會診精神科醫師，而基本上精神科醫師的診斷，不外乎是調適不良（Adjustment Disorder），占百分之七十；譫妄（Active / Hypoactive Delirium）占百分之二十；其次是憂鬱症、焦慮、自殺傾向、器質性腦病變（Organic Brain Syndrome）、代謝性腦病變（Metabolic Encephalopathy）及前額葉症候群（Frontal Lobe Syndrome）。

．治療

在治療上，精神科醫師雖知道病患有這些問題，但很難適切地歸類，並針砭病灶以緩解症狀。在用藥方面，SSRI、SNRI，甚至抗精神病的藥物及安眠藥也很難緩解這些症狀；用神經傳導物質，如多巴胺或血清素類的作用藥物，其實也並無多少實質上的意義，只是象徵醫師已了解病患有這些問題。臨床上並沒有很好的處方。

一般照會精神科的次數很少超過三次，因為雖然腫瘤科醫師很積極地找精神科醫師來幫忙，但病患的態度往往是不認同的。主要的原因是幫助有限，且病人對服用精神科藥物的順服性也不佳，因為瀕死前的心理調適是十分困難的。

靈性困擾，與病者的人文背景更有關

有時候病人了解他自己的靈性困擾，但也不冀望別人幫忙——或許正是因為我們所提供的醫療根本幫不上他。但是，家屬可不這樣想。他們希望親人能夠不要太痛苦地走完人生最後一程，尤其病患每到三更半夜所發出的呻吟聲，會讓他們很不忍。

過去臨床照護並未上軌道，或者說長期被忽略了，加上多數病患瀕死的時間比較短，所以一切都不了了之，眼不見為淨。但是，現代醫學的支持性緩和治療，比起以往有很大的進步，加上疼痛治療的良好經驗，突顯了靈性困擾問題的重要性。

當醫學無法治療病人，醫療上重要的課題，就是如何維持癌末病人的生活品質，包括體能狀況以及靈性的安定。於是，也就有了這些有趣且重要的議題：

- 為何會有這些奇怪的症狀？
- 什麼人會產生什麼樣的症狀？這些症狀代表什麼意義？
- 為何這些症狀時好時壞？為何會變好，又為何會變壞？
- 到底宗教對這些靈性上的困擾有沒有幫忙？
- 誰才適合做心理輔導與協談？
- 這些症狀都相同嗎？解決的方法都一樣嗎？
- 這些症狀的出現與病患的存活期有關聯嗎？
- 出現靈性困擾的病人一定會死亡嗎？

• 有任何科學在明示與暗示這些症狀的背景與來龍去脈嗎？

……

或許，許多醫師會嘗試以科學的角度來解析這些問題，並設法歸類，但這些靈性的困擾其實與病患個人的人文背景比較有關。

於是乎，這些問題並不是大腦顳葉、額葉、枕葉的問題，不是血管也不是多巴胺，或腦內啡（Endorphine）的問題，而是病人面對生死關所呈現心理與靈性上的問題。至於為何心理分析或精神分析也無法妥當地解決這些問題？因為這也不是純粹「害怕死亡」而引發的心理調適問題。

案例討論

一位三十五歲男同性戀病人罹患腹部的惡性淋巴瘤，因復發肝轉移及嚴重的腹水住院，接受化學治療。半年內接受四次化療及放腹水的治療，後來根本沒什麼腹水，而是整個肚子都是腫瘤，疼痛不已。住院後在吩坦尼（鴉片類止痛藥）貼布的控制下，疼痛問題解決了。但是面對淋巴瘤布滿大部分肚子，從外觀上就可以看到一位大男孩挺著圓圓凸出的肚子，以及棕綠色的黃疸。

我們還是依慣例詢問他，考慮接受安寧照顧，或要繼續做化學治療。於是，他提出了兩個問題，第一是：「我還有沒有救？」第二是：「我還能活多久？」

醫師所接受的訓練，是建議最好避免告訴病人完全沒有希望的負面消息，因為這是很殘酷的宣布，最好能告訴病人，反應大概不會太好，但是我們會盡力。有些執著的病人會一直追問：「既然沒有什麼效，那我是不是快死了？」此時醫師最好也不便搭腔，病人從醫師的肢體語言大概也知道了。反而病患家屬多半會出面干預，打個圓場，也不希望醫師說出真相。

這位三十五歲的病人是獨生子，父親已過世，母親七十多歲，但從來不知道他是同性戀，只是曾經強烈阻止他與其他男性朋友交往過於親密。她也不知道兒子的疾病已走到末期了，更沒意會到病人快死亡了，只知道兒子得到淋巴瘤，但醫師控制得還算不錯。她的朋友是位退休的病理教授，也曾關切朋友兒子的病情，雖知道疾病的過程及不好的預後，但也不便告知。這位病人當然也不會告知母親他的病情已在惡化，他選擇了逃避，走一步，算一步。

在最後一次化療前，我們詢問他是否應告訴家人，並立生前遺囑，但他認為沒此必要，反正一直是一個人獨來獨往，更不想讓母親傷心。

他反問醫師：「我真的快死了嗎？為什麼？我現在不是好好的嗎？」否認（Denial）與接受的心理機轉，並不一定是漸進性的轉變，而是會反覆地出現。貪生怕死還是多數人常呈現的面貌，很避諱談死亡的事。

●

他那時也常夢到奇怪的夢，主要是過世的親人來接他，帶領他到另一個世界，但他不覺得如何，也不會害怕，不需給予其他精神安定劑。

他對死亡的害怕並不強烈，只是有點不甘心自己這麼年輕就要結束生命。對於母親的晚年沒人照顧，他覺得抱歉，也不是孝不孝順的問題。他把所有的困擾都大而化之，一副真的無所謂的樣子。最後也未見任何朋友，包括他的親密同志都沒來看他。我想愛滋病病人真的很孤獨，也算淒涼。

某天早上，化療後的第八天，他突然被發現已經呼吸停止。後來母親才趕到醫院來料理後事，很不諒解，因為事前她什麼都不知道。當然醫病雙方都有溝通的問題，若事先知會社工師來處理可能比較妥當，但主要的癥結仍是病患本身的態度。

從另一個角度來看，病人本身並不害怕死亡，因為這是遲早的事，也不能避免。對於常常發生奇怪的夢境，他們也就不去在意了。這類對別人可能是靈性困擾的事，他們大而化之，最後也都接受了。

病人需要的，是安定的力量

這些奇怪的症狀應該在很多臨終病人的身上都出現過，只因為病人沒有提出主訴而往往被忽略，臨床工作者也很難做盛行率的調查。重要的是，這些困擾代表什麼意義？是否需積極處理？或許，用傾聽及同理心就可以了。

其實病人或許很需要被了解，但因缺乏有效的溝通或處理方法，最後病患隱藏其情緒，代之而來的是極深度的憂鬱，甚至閉目不說話或不進食。當然不久之後，一般是兩星期左右，病患逐漸衰弱，比平常預計的存活期再更短一點的時間內往生，也就是有些病人到此是完全沒有求生意志的。

相反地，有另一部分病人會恐慌地希望醫師常常去看他們，甚至幾乎快昏迷的病人也會醒來。他們雖不理會家屬，但對主治醫師的到來卻顯得很期待與安心。有些是對醫師表示信賴與寄託，因為他們不一定想會見親人，卻很關心醫師有沒有去看他們。

他們並非想繼續接受新的治療，而是對醫師的信賴，讓他們覺得人生的最後一程不至於太孤獨，因為可以從醫師那兒得到一股穩定的力量，成為在茫茫大海中的一盞燈，知道最後的方向。

很有趣的是，不論奇怪的症狀為何，病人將他們最後一段生命交給醫師後，對醫師的信賴將成為一股安定的力量，不再那麼恐慌。若能轉換這股堅定的力量，讓病患能夠「一路好走」，那是醫師能為病患所做最好的服務。病人往往會比家屬更可以感受到這一分真誠與溫暖。

但諷刺的是，家屬往往看不到這點（當然，達觀的家屬還是可以感受到）。若抱持「能活著最好，死亡是失敗」的態度來看臨終這件事，醫師想幫助病患開導最後一程，將被視為不夠專業、能力不足，他們不捨得親人的離去，所以將整件事看成不幸的事，更談不上功德圓滿，甚至有醫病溝通不良的事情發生。但到底誰來評斷病人已病入膏肓、順利走完人生全程是正確的、無怨無悔的，或是，只是失敗的託詞，或是無言的結局？

「萬物一府，死生同狀。」（《莊子．外篇．天地》）

人生該走的路是相同的，雖然每個人的人生理想不同，根器不同，心性也不同。到底人生的意義與熱誠、幸福是否有交集？人生是來體驗的，或是來完成任務、使命、功課的？是來享受，或是來受苦？人生的長短與遭遇，為何有這麼多的樣態，而最後的結果卻只能如此歸類？

幸與不幸之間，卻關乎人生的最後一段日子，數年或只有四、五個星期。

「眾人所遭遇的都是一樣，並且世人的心充滿了惡；活著的時候心裡狂妄，後來就歸死人那裡去了。」（《傳道書》9:3）

有多少病患在已知將不久於人世時，生命最後一段路仍是自己安排的？應該很少吧。真實的情形，多半是不願意去承擔生命的痛，在我的行醫經驗中，無論男女老少都不太願意去面對。所以在生命的最後一段，幾乎都想嘗試尋找新藥來延長生命，甚至吃苦、耗費大筆金錢都願意。當然，我相信一定也有些看得開的人，他們是不會上醫院來的，這些人的思想不一定是消極的，而是看清如來如去的人生，不能強求什麼，也不得執著什麼；父母怎麼走，我們就跟著前人的腳步走。

這些奇特的靈性困擾，其實多數是在提醒我們，在漫長的人生馬拉松賽跑裡，已搖響最後一圈的鈴聲，預告即將結束，是檢討成績的時候了。所以潛意識中會浮現許多影像，其中包括這一世的所作所為，或許也有自己沒有記憶卻又與自己有關的內心的激動。

曾經有許多經歷瀕死邊緣、後來被救活的病人，在我的勸說下，會跟我分享他們奇特的夢境。很少人研究臨終前病人的夢，但是我會盡量與想跟我分享的病人談他們的夢境。

這些絕對不是無意義的夢，只是多數醫護人員沒去研究，甚至彼此也不談，一笑置之。但現代醫學不談並不代表不存在，只是缺乏研究分析的方法與途徑。在精神科領域中，也不容易分析這些臨終的病人，因為他們既已失去社會能力，且存活的日子不多；也很少有現代的精神科醫師喜歡從事古典精神分析學，而是代之以傾聽、陪伴同理，及精神傳導物質之阻斷與輸通，所以功效是有限的。

既然醫學、心理學無法分析，又如何幫病患解決問題、一路好走呢？

第三章

為什麼是我？以宗教協助

為什麼是我？以宗教協助

大部分人在生病時都會恐慌：為何自己會得此絕症，末了又有靈性上的困擾？假設靈性困擾的解決方法是宗教，那麼，我們應該怎麼做？

為何靈性問題必然涉及宗教？

自古以來，從洪水猛獸到天災人禍，凡生物都有害怕死亡的本能。從開始有人類文明的古埃及，到中國、印度與希臘，都有許多宗教，最文明的國家與蠻荒的土著，都有很深的宗教文化。因為宗教是人類心靈的「Sanctuary」，避難與救贖的地方；是人類心靈深處神聖的地方。

巫醫、靈媒從六、七千年前遺留到現在，不曾消失，形式上也未有任何改變，就連占卜的方法仍然大同小異，一切遵循古法、古制。在一切都在進步中的科技時代，唯獨宗教仍保持原貌，甚至神祕儀式也未曾改變過。

宗教與人的關係，最重要的是讓人學習謙卑，學習與神和好、尊重，然後回歸聖潔的心來調和身、心與靈的和諧。經由神職人員的帶領，懺悔與告解（坦白傾述對自己行為的不安，並得到理性的監督與修正），以加強比較脆弱的理性。

我們必須知道，人類是不完美的，有許多習性、貪焚與欲望，過度追求自己的利益與物質的享受。然而，很多人認為自己一生中並未犯任何錯誤，為何需要悔改，又為何必須承認人有原罪。他們把告解、救贖看成一種過聖誕節的形式，無法把內心全然交託給神，所以，大部分人在生病時都會恐慌：為何自己會得此絕症，末了又有靈性上的困擾？

很弔詭地，人在絕望之際，多數又會期待神存在，並現出奇蹟來拯救他。此時沒有人會承認自己類似聖人，但七情六欲的引誘，多少都有非分自私、侵犯別人的想法及行為。

許多自稱不可知論的人，到了臨終或得了癌症而逐漸惡化的時候，也會有遇到靈性困擾的事。他們也一樣會陷入死亡的恐懼與焦慮，內心其實相當希望別人能夠了解，並幫助他們度過難關。許多持不可知論的醫師，本身就是治療各種癌症的醫師，也面臨相同的遭遇。他們比較了解自己存活時間剩下多少，至少醫學上的理性是有的，但同樣也會尋求偏方，最後回歸宗教的心來寄託之。這些行為在他們盛年健康時，是想都沒想過，甚至嗤之以鼻的事。

正所謂死亡會癱瘓一切知識（德性或修為），但也會將人的思想拉回神的大能上。所謂的「時也、命也、運也」，也正呼應了西諺「Without God, you are nothing」的名言——這是《荷馬史詩》中，海神波賽頓對在海上漂流的奧德賽所說的話。

那麼，解決靈性困擾的方法，也非宗教不可囉？——從來沒有一場演講提出這種問題，並對資深癌症專科醫師做問卷調查。

假設靈性困擾的解決方法是宗教，那麼，我們應該怎麼做？每個宗教都不同，其功效如何？有沒有改信宗教的必要？效果如何？了解率多少？能維持多久？會不會再度復發？有人得到解決，為何有人不能改善症狀？

案例討論

一位五十五歲的單身女士得到急性骨髓性白血病（AML, MO），有多重染色體異常，主訴是喉嚨發聲困難，有腫瘤長在聲帶的咽喉部。此時病人的白血球高達兩萬多，有百分之八十的芽細胞。耳鼻喉科的主治醫師在切片之後，把病人轉到血液腫瘤科來做進一步的化療。

我們知道有多重染色體異常的ＡＭＬ，預後最差，五年的存活率小於百分之五，也就是病人活過五年的機會在百分之五以下。病人及家屬不知道預後這麼差，我們也不便把最差的統計數字告知病患，因為這麼差的數據根本無法鼓勵病患有正向、積極的態度來面對重要的治療。血癌的化療過程，相較其他的癌症是比較辛苦、複雜的，但若有治癒，則其結果比一般轉移的肺癌、乳癌強了許多。因為後者是無法治癒的。

她後來接受「七加三化療」（一種針對此病症的治療方式），但是做了一次誘導性緩解治療後未達預期效果，於是再接受第二次「五加二」的化療。這次的毒性很大，她住院快兩個月，中間發生了所謂的白血球過低的發燒，及類似敗血症的症狀。半夜高燒時，開始說夢話，且很大聲。有時會哭或啜泣，照料她的看護看了很害怕，晚上都不敢睡覺，加上白天病人脾氣不好，連護理長都會跟我打小報告。

連續換了三位看護婦後，來了一位有經驗又端正的四十多歲看護，是位虔誠的佛教徒。因為病患本身是虔誠的基督徒，所以白天我鼓勵她多做禱告、陪著唱一些聖詩，跟她討論今天讀經的感想。我知道此次換上的是佛教徒看護，於是也請她幫病人念念《大悲咒》、《心經》等等。

一開始兩人相安無事，有一段平靜的日子，但有天看護突然哭喪著臉說不想幹了。我問她，不是做得好好的嗎，怎麼突然不繼續做下去呢？

她說，半夜牆壁會發出聲響，蓋著被子仍然能聽見，加上病人的呻吟聲，非常恐怖。她塞著雙耳、蓋著被子仍然聽得見，她從來沒遇過這種事，不想蹚這池渾水，決定不做了。

我問她，念了佛號沒有？她說，怕都怕死了，哪有閒情念經！於是我建議她，白天多抄一些《心經》，發個願，燒給病患的冤親債主或病房的地基主，或許心誠則靈。

「已經走了三位看護，你是留下最久又最虔誠的，不妨試試我的方法，若情況有改善，那麼就繼續做下去，病情應該會有好轉的，不要氣餒才好。」

同時，為了增強病人的信心，在病患的許可下，我跟看護一同念了一段佛教經文，並迴向四方，病患也跟我們一起祈禱。三人同心，其利斷金，我向她們兩人下了心理戰術，每天護佐用毛筆抄《心經》，我就跟著寫幾個字。

說也神奇，此後病患的情形，一天比一天好轉，沒有靈異現象在半夜出現，到快要可以出院的某天，白血球數字也已回升。我於是囑咐著看護，時候差不多了，可以將繕寫的《心經》統統拿去廟宇，許願後燒掉，迴向四方。

算了一下，很巧地剛好是一百零八張（聖數）。看護不知道該拿去哪裡，我告訴她，這也屬於法事的一種，是虔誠的，不可隨便。沒有齋戒沐浴就算了，哪裡可以隨地燒？一定要在正信的佛門聖地，道觀也可以。

後來，她找了文昌帝君的香爐，把事情給辦成了。

當天下午，病患與看護兩人同時做了一個夢，夢見一位六、七十歲的老婦人前來謝恩，並告訴她們，她是位癌症的病人，在仁愛醫院治不好，然後轉到本院來，最後在不情願的情況下過世。目前經此法事，她已經看開了，決定準備往生，所以前來謝恩。看護在夢醒後告訴我，並得到病患吳女士的證實，因為她也做了同樣的夢。隔日，吳女士順利辦理出院。

爾後她又接受了三次高劑量的加強性化療，一切都很順利。吳女士的兄弟姊妹也很高興，他們家的背景單純，宗教信仰個個都不一樣。總之，血癌能達到完全緩解是令人振奮的事。她後來轉到台南家鄉的某大醫學中心繼續追蹤，每隔兩個月上來台北看我一次，仍保持每天讀經的習慣。上次的經歷，她對於我們對她所做的努力心存感念，此事她家人後來也是知道的。兩個人同時做同樣的夢，非常奇特。

又過了一年半，她的血癌復發了，染色體轉變為多重異常，必須住院再度接受誘導緩解的化療。她聽了雖然難過，但比一般人堅強很多，因為她覺得對我很有信心，上回的困難及克服的過程仍記憶猶新，她知道無論如何，我們是會幫助

她的。她說我是魔術師，會有辦法的。我笑著答：「沒有的話，也要變出一個來！」

這次家屬的態度變得比較緊張，常常有不同的家屬來關心病情。因為是復發的病例，治療率又比上回下降了許多，當然治療的方法不外乎化療，及考慮是否做幹細胞移植，但是始終沒有家屬積極熱心出來，表示願意做人類白血球抗原（HLA）的基因配對。

這回做了兩次高劑量的化療都無法產生良好效果，在第十五天及第四十五天做了第二次骨髓檢查，證實是骨髓衰竭，細胞非常少，且仍有殘存的血癌細胞，所以最後也把昂貴的白血球生成素G-CSF給停掉了，因為打了一段時間，一點效果也沒有。除了血癌外，輸血的移植物對宿主的排斥反應（GVHD）及Parvovirus病毒的感染，都可能是助因。

爾後，她的日子都在抗生素及輸血中度過。家屬知道反應不好，就提出轉院的意見。我當然從善如流，影印病歷讓他們到別家醫學中心徵詢第二意見，他們找了三家醫學中心，但得到的回應及保證也都不符合他們的理想，所以最後決定不做移植、不轉院。吳女士跟我說，她只要跟定我，要我幫她醫治就好了，突然間家屬態度又對我變得客氣且熱絡了許多。我想這也是好事，免得做了這麼多，有些人總覺得醫師怎麼拿不出好辦法來。

其實，復發的血癌合併再生不良的骨髓是很難治的，因為她的骨髓幹細胞統統是腫瘤幹細胞（Cancer Stem Cell），又無法分化。最後的結局大抵逃不過嚴重敗血症，這麼嚴重的泛血球貧血症，很難不發生細菌感染以及嚴重的出血傾向。

●

這次住院住了很久很久，因為血球長不上來又斷續發燒，雖然打了許多後線的抗生素，體溫依然常常衝到攝氏三十九度。但是白天病人的精神很好，沒有呼吸困難、胸痛、頭痛、全身痠痛的主訴。直到有天，護理站的護理師很害怕地告訴我，病人在夜半裡出現靈異事件，看護也看到了，連續幾天都如此。

事情是這樣的：每到半夜病人會坐起來，發出變身為男人的粗暴的聲音，旋而又變回女身，發出尖銳的叫聲，像演雙簧似的吵架，為時大約十分多鐘。她們害怕極了，不知如何是好，也沒做任何處理，因為病人看起來是清醒的，並非睡

著在說夢話。當然，不久後看護就離職了。

試想哪有人見鬼不會怕的，就連護理師都嚇到了。我記得有位護理師向護理長要求，她想調到另外的病床，不想再照顧這一床病人，因為即使在白天她也會被病人罵哭。我們一方面找來另外的看護，並告訴她這床病人有靈性困擾的問題，請她多費心，且不要害怕。這次來的是一位虔誠的基督徒看護，很有愛心，不怕挑戰的那種個性。

很有趣地，吳女士這次看到了自己無意識的異常行為，也被自己嚇到了。她主動要求找牧師幫她去除不潔淨的東西，但醫院中沒有牧師可以勝任，於是透過關係找其他教會的院外牧師，但也表示可找一些主內弟兄來幫她禱告，至於趕走不潔淨的東西，他們則完全沒有經驗。

後來吳女士也接受主內弟兄的禱告，她更加深信念，無時無刻不念誦《聖經》、吟唱聖詩，剛好看護可以陪著她。當然，我們也陪著她唱聖詩、做禱告。結果很神奇地，她又度過了一劫，似乎靈異事件不見了。

到底為何吳女士在半夜會發出全然不同聲調的聲音，甚至是男人的聲音？我們也覺得奇怪。

因為她第一次生病時，是出現喉部的腫瘤，所以擔心不是血癌在骨髓外發作、轉移，於是會診了耳鼻喉科醫師，但喉鏡的檢查結果是正常的。檢查腦波及電腦斷層也是沒什麼異常，最後我們抽了腦脊髓液（CSF），分析結果同樣是正常的。

很顯然，她並沒有器質性腦病變，沒有大腦轉移，沒有電解質異常或代謝性腦病變的問題。後來病人舉止也很正常，我們也就未再做其他檢查。

我們的想法是，她的心靈處於脆弱期，所以得到靈性上的障礙，主要是一種「Spiritual Possession」，被外靈附身。若是屬於潛意識的變化，比較不會出現男女角色互換式的對話，而後又消失得無影無蹤。這是一種過渡期的附身。

後來吳女士住院太久，我們面臨健保核刪的問題，因為她的病已經沒有更好的治療方法，對化療全然無效，再繼續做救援式化療的合理性小、併發症大，反而對她是傷害，自然就建議她改轉安寧病房。但是病患與家屬不同意，最後表達想轉回家鄉台南，因為父母仍健在，在家鄉落葉歸根也是她的意願。

她的病情一直不穩定，最後出現黴菌感染，所以不敢讓她直接出院，而是轉回南部某大醫學中心。後來她一直哭，因為她想回家而不是繼續住在醫院，轉回去七天後她陷入昏迷，完全不省人事，並沒有靈異的問題。我想最後應該是大腦出血而死亡，總算度過風風雨雨，結束了最後的考驗。

她大姊在她過世後五天到醫院找我，想拿她妹妹的照片，因為她們沒有她最近期的照片。那是轉院那天，她大姊、她、我以及護理長、看護的合照，照片中的她是喜悅的表情。

我想，家屬應該了解，我們的照顧是兼顧身心靈的。

吳女士曾經問我，她一生中沒做什麼壞事，為何會有這些靈性困擾。我回答她，這是神的大能，祂的安排沒有人可以知道，重要的是這一段日子，她的信仰更堅定，雖走過死蔭幽谷，必不害怕，因為祂必與你同在。

許多病人在經歷過靈性困擾之後，不管最後病情是轉好或變壞，他們的信仰都變得更加堅定，因為多數人經歷了聖靈的感應與聖神的相通。這些紀錄都是真實的。

第四章

看見黑衣人：譫妄

看見黑衣人：譫妄

究竟看到黑衣人代表的意義是什麼？

為何病人臨終前，或有些重病、正在接受癌症化療的病人，會看到兩種重疊的影像，也就是同時看到一般正常的影像，加上常人看不到的來自陰界的黑衣人，且幾乎是沒有其他的顏色？

看見黑衣人是幻覺嗎？

一位八十多歲的C君罹患多發性骨髓瘤，他原本以為是背痛、蛋白尿，到處看病，後來因為貧血轉介到血腫科。第一次住院只住兩天就出院，因為他不喜歡待病房。

初始他對免疫藥物及類固醇治療效果很好，背痛、腳麻都大大改善。後來申請了標靶藥物，第二劑改為門診皮下注射，但是回家後發生嚴重皮膚紅疹、血糖過高，住院後又引發罕見的非病毒性膽汁鬱積性肝炎。住院中阿摩尼亞值偏高，沒有肝昏迷，他主動低聲告訴我，他見到了黑衣人到病房來巡視。我問他後來如何？他回答沒有跟他去，後來就不見了。

C君後來沒再見到黑衣人過來，經過三次血漿置換術（洗肝），黃疸及肝功能得到改善。他是位基督徒，兒女也是基督徒，太太是佛教徒，我叮嚀他多禱告，黑衣人來訪時不要跟他過去。運氣不佳時，隨時求主保守，一切禱告信靠主的聖名來求。

另一個病房的P女士，七十一歲急性骨髓性白血病患，在農曆春節期間住院接受第三次加強性化療。有天查房時，我注意到A床是空的，笑稱她住在單人房。她很正經地說A床有人住、不是空的。我們不在意她的說法，她老公也管不了她的堅持。

出院不久後，P女士又因不明熱入院，後來判斷為Port-A導管（植入式靜脈導管）不通，肝臟多處微小膿瘍，是黴菌感染。這次，她再度提到三週前空床的事：那是一位四、五十歲男人，住院後才兩天就過世了，由看護幫他擦澡，老婆回家忙，P覺得他好可憐，但是外籍看護很認真，拿的費用是兩倍。往生後靈魂沒有離開，還待在A床好幾天，所以說不是空床。她津津樂道地說著。

我私下幫她卜了一卦，水地比，有陰氣環繞著她仍待化解。我選擇不告訴她，但後來還是點出了問題，夫妻兩人到龍山寺拜拜，發願迴向。很快地，不明熱退了，病人順利出院，家人稱幸得此圓滿。

●

看見黑衣人（黑無常）是很常見的症狀，也是被多數醫護人員所知道的，因為病人會很清楚地告訴他們，他看見了黑衣人，一位來自冥府的使者。

有些癌症病患到了夜晚，特別容易在醫院裡看到此種景象，病患的描述歷歷如繪，一點都不像幻覺。當然，許多精神病患、服食迷幻藥及酒精中毒的人，都

會有類似的幻覺，但他們的幻覺是多變性的，像愛麗絲夢遊仙境般，而不是這麼清一色地看見現實的病房景象與黑衣人重疊；且病人都是神志清楚地提醒護理師：「有黑衣人來訪。」他們有時並不害怕，只是向護理師描述他們所見到的，而往往不久之後，隔壁床的病人就會突然發生呼吸停止，接著CPR急救小組就趕到現場施行人工心肺復甦術。

關於黑衣人的傳聞非常多，很頻繁，也是所謂的too frequent drama，時常在病房發生。其實，許多沒生大病的常人也有這種能力，俗稱陰陽眼。有些護理師是看得見的，但也不多說，努力幹活，若無其事。他們甚至可以看到瀕死邊緣的病人「靈魂出竅」的情景。其所代表的意義很簡單：他的陽壽盡了。有不肖業者會藉此說法大賣蓮花座等，為親人的往生做一道消災解厄的保險。因為有一說法是親人走得不順，可能會禍延子孫，加上有心人三寸不爛之舌的推波助瀾，橫生枝節，徒增困擾。

我們不在此評論看見黑衣人的好壞，其實，它只是一種現象，姑且不論其深層的意義，表面上來看，代表的就是病患即將過世。

解釋原因，其實不在病人本身，而是旁邊看得到的其他病人。因為其他病人若看得到此情景，表示他本身的陽氣也明顯不足，就「氣聚則生、氣散則死」的道家理論而言，看得到黑衣人的病人本身也可能臨死亡只是數月、一年半載的事了。

不過，有些具有陰陽眼的人則不適用，因為他們天生磁場就與常人稍有不同，套句俗話說，八字比較輕，所以較容易看到鬼魅。當然這也只是一種廣為一般民眾所接受的說法。

病人若在病房看到黑衣人，大多會希望能轉換病床；其次，有一部分病人會到廟裡燒香、拜拜，請個平安符。有些則會在病床邊，放一些道家的符咒，或佛教的觀世音菩薩像、地藏王菩薩。保平安也好，鎮邪作用也好，這些都是在民間流傳多年的方法，自然有其傳統而經得起考驗。更要緊的是，能讓病患或家屬心理上覺得舒坦一點，正所謂盡人事，待天命。俗語說：「有吃藥，有見效，有拜拜才會得到保佑」，所以心理上的功效是有的，至於整體而言是否能立竿見影，則因人而異。

宗教儀式的作用，在活著健在的人來看，或許是信者恆信、不信者恆不信的事，但在正受疾病折磨，及罹癌、進入生命末期的人來講，至少能起一定的心理安慰作用。尤其是平時家族中有祭祠的風俗習慣者，肯定可以發揮一定功效，其道理不言自明。

陰陽眼的功能，也往往給護理人員帶來困惑，甚至覺得頭痛、頭脹、全身不適，所以有些具有此能力的護理師們，會組成神祕的姊妹會，定期開會，互通有無，相互扶持，尤其是在磁場比較弱的時候。對她們而言，其有陰陽眼是很困擾的事，而絕非來自上天的恩賜。因為除了看見黑衣人之外，並不能看到其他天機或未來的事，也不具其他的洞察能力。

案例討論一

一位四十三歲婦女長年下腹痛，並合併輕微血尿，看過兩家區域型醫院，以為是尿路結石什麼的，又因工作忙碌，醫師也沒特別說什麼，所以就不特別放心上。反正病痛也不厲害，似乎沒什麼大礙。

半年後，症狀加劇，於是安排了腹部電腦斷層掃描，結果發現左腎腫大、腎盂擴大，且腹主動脈附近有淋巴腺腫大。

她被轉介到醫學中心來，因為腹痛厲害，所以先掛急診，但是一般疼痛及尿路結石的處理都不見效，而被轉介到腫瘤科內診。她先生陪著她到內科門診來，帶著區域醫院照好的CT Scan。我安排住院檢查，證實是左腎的轉移性上皮細胞癌（TCC），合併鄰近淋巴腺及肝的轉移。接下來請了泌尿科醫師做減積手術（Debulking Surgery）將左腎摘除，但無法剝離所有腹部的淋巴腺。手術後，繼續在門診接受化療及鴉片類的病痛控制。

病人慢慢接受了突來的命運的改變，也算能正向地處理情緒。雖有點沮喪，但還不至於需要安眠藥及抗憂鬱劑。

然而，經過半年的化療，病情好了三、四個月後，腹痛又起，於是再度入院做檢查及化療，發現肺部已有癌細胞轉移，此時全身瘦弱，雙眼深陷，皮膚脫水而缺乏彈性。

她突然表情變得木訥許多，深邃的眼神告訴我，快救她。午後生化報告出來了，不令人意外的結果：「高血鈣」（Hypercalcemia），是許多癌症病人常有的合併症。住院醫師大量輸液利尿劑、注射密鈣息（Miacalcic），同時加上了焦磷酸鹽（Bisphosphonate）。血鈣值從19 meq/dl降到15.9，離正常值9以下還有一段距離。然而她卻連續三晚都沒睡覺，與高血鈣病人的嗜睡完全相反，且變得非常多話，自言自語、答非所問，非常躁動不安。

住院醫師打電話問我怎麼辦，我告訴他，這是譫妄現象（Acute Delirium），先穩定電解質，查一下有無缺氧、CO_2滯留或肝、腎功能異常；沒必要的話，不用照大腦電腦斷層或核磁共振，因為許多情況下這是一種癌症病人的暫時現象。至於需不需要會診精神科或神經科，則可見機行事。

隔天，我去查房時，護理師告訴我病人仍然躁動不安，大腦ＭＲＩ已照好了，結果是正常的。為何血鈣已降至12 meg，ＭＲＩ正常，血氧分析及生化、血液之檢驗也是正常，病人仍會譫妄呢？護理師與住院醫師們圍著討論。

我告訴他們，有兩種可能：疼痛控制沒做好，長效嗎啡類止痛藥吩坦尼（Fentanyl）的劑量太高或不足；另一種解釋，則是病人得到了所謂的「靈性困擾」。

我繼續檢查並詢問病人家屬，那兩天白天與夜裡所發生的事。不知不覺中，住院醫師與護理師都離開了，他們沒興趣探究這些，大概病房還有許多事要忙吧。

病人的姊姊說，她妹妹夜裡常見到黑衣人，看似清醒卻說一些奇怪的話，彷彿在另外一個世界。

白天查房時，她正在譫妄期發作，她說：「我死了，你們知道嗎？為什麼你們在這裡，不用救我了，哈哈！你們是誰？為什麼不走開？」

主跟的病房護理師告訴我，病人三天三夜沒睡覺，還跟她說，她後面跟了四隻鬼，病房裡很多黑衣人走來走去，很熱鬧。

這位護理師聽了並不害怕，只是覺得病人胡言亂語，有著非常混亂的神志。我告訴她們，可以請住院醫師開一些Benzodiazepine安神劑或Haldol類的精神科用藥，但有必要時才用，若病人不吃不喝，那麼靜脈營養很重要，卡路里及電解質都應兼顧。

我把她姊姊叫到一邊，問問她們家的宗教信仰，似乎並沒有特定的信仰（後來才知道病人不久前剛受洗）。同時，神經科的醫師帶了一位fellow（研究員）過來會診，簡單地問診後發現病人答非所問，於是開始做神經的理學檢查：十二對大腦神經、小腦的FNF（手指頭與鼻尖的對應動作測試），以及肌力、神經反射等。

病人的配合度並不好，於是我幫忙把這些理學檢查完成。會診很快就結束了，俟醫師、護理師走開後，我詢問她姊姊，是否同意我為她做特殊的禱告。

接著，我握住病人被約束的左手，開始念誦禱告文。而她，則開始亂說話，台灣人稱為「碎碎念」，要我不用白費心機，想當什麼聖人，還想幫她們禱告……

在不斷被干擾的情況下，我的意志非常集中，大約花了五分鐘把禱告做完，並迴向給她及周遭有緣的靈。隨後，我交代家屬一定要多多禱告，心誠則靈。目前病況仍不算太壞，腫瘤雖轉移到肺部，但大腦仍是好的，與病人交談的內容，她都可以聽進去。

●

走出治療室，住院醫師問我需不需要再做什麼檢查，我反問他：「你還想做什麼檢查？當初告訴你ＭＲＩ會是正常的，沒什麼幫助，你還是做了。這也不是你的錯，在台灣，甚至美國，幾乎醫師看不懂的神志錯亂都會照ＣＴ或ＭＲＩ來看看，但這種譫妄的MRI、PET幾乎都會是正常的。」我清楚地解釋。

其實，醫學對癌末病人，甚至是非癌末病人，了解都是相當有限的。為什麼會看到黑衣人？為何多數臨死或瀕臨死亡的人，都會看到這種影像？我說，這樣吧，看看神經科醫師怎麼講。我們隨後翻了翻病歷，它是這麼寫的：

「Acute delirium, Cancer in terminal stage R/O Metabolic Encephalopathy, R/O Limbic encephalitis.」

代謝性大腦病變，或大腦緣葉（Limbic）的腦炎。他們沒建議如何處置。

我問住院醫師，什麼是大腦緣葉的腦炎？他搖搖頭。我告訴他，當症狀改善時，什麼診斷都會隨風而逝、不存在。

在我為病人禱告的第二天早上，我提早上班就去看她，想知道禱告後有什麼改變。我看到她右側臥，睡得十分甜，她先生則安睡在側邊沙發上。我沒驚動任何人，希望三天三夜沒睡的病人安好，我翻了一下病歷，並沒有何任何人開立安眠藥、鎮靜劑或精神科的藥。僅有前一天，我為她的營養加上一瓶胺基酸的點滴。我想，這個譫妄事件應該要結束了。

下午再去看她，她堆了滿臉陽光的笑容，一面跟我謝謝，一面跟我道歉。問她為何要道歉，她說，她姊姊把前幾天譫妄期發生的事告訴她了，她對她的無禮行為感到不好意思。

我問她，是否真的記得那些事？她表示似乎仍然記得當時的行為，不過又很像是夢境一般。她夢到她死了，旁邊很多一群群的人，都很不可愛，相互推擠，很像在找什麼，也不知道他們在忙什麼。忽然間，她看到我與一位醫師在光亮處伸出手拉住她，她便安心地跟我們走出來……感覺很像夢，又很像真的，但她只是迷惑，當時並不會害怕。

我看到她脖子上竟然掛了一條鑲有十字架的項鍊，笑著問她，什麼時候受洗信基督了，她說是上次住院裝Port-A導管及接受化學治療的時候，算算只有一個月前左右。

我問她，見到天使了嗎？她笑著答：「你們都是天使。」

我們都笑了。

一本和合本的《聖經》放在她枕頭的左側。我很高興她有靈性的信仰，自從譫妄事件過後，她的心情不算壞，常保持感恩知足的心。她問我，家裡信奉的是一般民間信仰，偏向佛教，但她已受洗，怎麼辦？我告訴她，沒關係的，這兩種正信的宗教都是勸人為善，謙卑順服。有信仰的靈知道永生的路，肉體終歸會腐朽，你的譫妄經驗等於讓你重生一次，了解人的一生怎麼回事，該追求什麼。她歡喜聽完我這麼一段話。

台灣的單國璽樞機主教與佛光山星雲法師，在應《中國時報》的訪談中曾表示，信仰的精神在於利他的奉獻精神，以及行為的因果關係是否使我們能謙卑、順服，如此方能喜樂感恩。星雲法師認為相信因果而能端正行為，比宗教中教規之不同見解，還更具實質上的意義。

●

隔了一兩星期，神經內科的年輕住院醫師再度來探望病人，發現她出奇地正常，沒有任何譫妄現象，再翻翻病歷，發現我們沒有為病人的譫妄給特殊的藥物治療。他總算上了一課。

這名病患的情況與一般教科書所寫的有些出入，當然，大部分的西方文獻會點出一些癌末病人的奇怪舉止，但目前醫學上仍無法解釋原因。更奇特的是，有一部分病人原本為無神論者，但經歷過此特殊靈性困擾後再回神過來的病人，卻很容易從此接受宗教信仰，雖然他們並不完全了解各種宗教的意義，但變得謙卑虔誠，知道人是卑微的，在大自然之上仍有更大、更強的power在主宰著。

後來經由多方、多科別的團隊與病人及家屬討論，她放棄了化學治療，轉到安寧病房。他們體驗到生命的盡頭需要做安排，既然化學治療效果不好，又沒有其他有效的治療方法，那麼臨終療護是最後必走的路。我們後來沒有特別再詢問她有關看見黑衣人的事，彼此心照不宣，但她特別強調在黑暗的世界中，我與另一位穿白袍者，把她拉了上來。下面是個黑暗的世界，她已經看到她的死亡，但她不再害怕。

對於不再做化療並轉到安寧病房，病人本身的意願也很高，她謝謝我這段時間為她做的努力。後來，在竹圍的安寧病房待了兩個星期，病人過世了，她先生帶禮物過來門診，表達由衷感謝。病人過世後，家屬才前來致謝這種情形是不多見的，我很安慰她能夠一路走得好。

至於代謝性腦病變及緣葉（Limbic）腦炎的臆斷，只是目前醫學就病人所發生的症狀，所能做出的較合理的解釋，但若以病毒性腦炎所引發的譫妄，或可說是幻覺，應該不會這麼快復原。而且，這些臨終前的癌症病人也不該有高比率得到腦炎。

其實，「代謝性腦病變」也是定義不清楚的名詞，理論上應針對特殊的代謝問題，如高血鈣、低鈉或高阿摩尼亞（Ammonia）等；有不少病人黃疸指數高於20 mg/dl、肝衰竭，也不會有譫妄現象。

譫妄

事實上，譫妄也好，看到黑衣人也好，都只是生命由強轉弱、由陽轉陰的暫時性界面轉換。有些病人覺悟到其中的奧祕，理性抬頭，變得容易接納、妥協、逆來順受，這未嘗不是一件好事。而許多人臨終前也會有人格及相貌上的變化，有些人變得慈祥、隨和。耶穌被釘死在十字架、為人類救贖的前一週，在《聖經》上也同樣記載著耶穌在相貌上的明顯變化。

我有一位三十歲的女性病患，罹患嚴重型再生不良性貧血有十年之久，但一直找不到相合的配對捐髓者，且對ATG及環孢靈素效果不佳。本來她脾氣又大又倔強，甚至在輸血時與隔床病人口角，扯掉點滴架，每位注射室的護理師都認識她。

有趣的是，她在化療後發生了第二度的腦出血而不省人事，出事前兩星期，她幾乎變了一個人，還在化療室與護理師阿姨們說謝謝。她簽了器官捐贈同意書，沒想到後來用上了。第三度在急診突發大腦出血後，五天左右進入腦死階段，她母親同意讓女兒捐出所有可用的器官，遺愛人間。

所以，我認為癌末病人者出現過譫妄者，應加強靈性上的引導，進入宗教大愛的世界。把握良機，再造一個「完全人」（註：出自《聖經》，遵守上帝的律法者，即可成為完全人）、屬靈的人。

有譫妄的臨終者，可以解釋為兩股相悖力量的衝突，向下沉淪或向上提升；各種執著，或過去的記憶大量湧入，當事者沒有能力及時處理，而形成人腦當機。物理學家認為這是人的意識，非物質之物理、化學的古典學派理論所能理解。目前西方醫學尚未了解此奧妙。

西方醫學的主旨在救人的身體，對宗教及靈修，甚至心靈的改造則付之闕如。諷刺的是，現代醫學的發展，尤其是腫瘤醫學方面，生命科學為了延長生命、防止老化，已經把人類的身體從聖殿移到實驗台上，做更多、更新，卻效果愈來愈差的基因解碼式治療。殊不知生命的各種細胞生長或凋亡之週期，路徑非常複雜，各種調控基因的互動也可能依循物理學的一般原理，遵循「宇宙守衡」法則。那麼，阻斷一條、兩條路徑，到底有多少療效、又有多少潛在未知的副作用及後遺症，也都未可詳知。

現代醫學的分析偏重實證，也就是說必須有明確事證，例如透過大腦的核磁共振、正子掃描或電腦斷層掃描，以檢測病灶之異常。比如癲癇，有些病例可藉檢查發現異常放電的大腦，可以手術切除之，但有很多癲癇病患無法以上述方法解決。

癌症病人的所謂幻覺，或靈性上的困擾，也是如此。有些病人可能真的與代謝性腦病變有關，但多數是無關的，目前的主流看法是病患可能有多巴胺、糖分、血清素，或其他神經傳導物質的異常，因為在實驗室中，可以藉刺激大腦的特殊部位（如緣葉）來激發幻覺之產生。

許多酒精中毒、麻醉藥中毒，或迷幻藥毒癮者，他們的幻覺是多樣化、飄飄欲仙的、天馬行空式的影像，而癌症病患者卻是千篇一律地看見下地獄、黑衣人、死去親人相迎、自己的墳墓、訃聞及告別式等，幾乎全都侷限於此類影像。其中比較嚴重的，是靈魂之占據（Spiritual Possesion），或前世之現身。

前世之現身可藉催眠引導出來，或可解釋；千篇一律的下地獄情景，也可以用「日有所思，夜有所夢」來解釋，例如害怕自己的病治不好，恐懼死後到另一個世界的情景。那麼，前世的情景或未來的影像，到底是不是一種幻覺？

案例討論二

有位二十一歲男性病患罹患惡性淋巴瘤，經過多次化療後仍然復發，又經過自體幹細胞移植，仍發現皮膚及骨髓中仍有癌細胞侵犯。於是他被轉診到另外一間醫學中心，接受救援式的化學治療，以期望能將病情控制住。然而化療後不久，他發生了一連串令人難解的事。

首先，他變得不說話，臨床醫師診斷為木僵（Stupor），於是安排大腦核磁共振、電腦斷層掃描，及血液、生化、血氧分析檢查。結果統統都正常。但不管怎麼叫他，都不回應，甚至不吃不喝；臨床上醫師記錄為昏迷（Coma）。值班的醫師告訴家屬，病人眼睛睜開了，但不說話，且臉部表情非常僵硬，於是補充了一些鎂。但情況仍沒改善，病人整晚眼睛無法闔上。家屬又找醫師看看，翻了身後，再用外力讓他闔眼，還是沒有成功，眾人於是放棄了。

第二天清晨，他變得可以活動，且對答如流，家屬認為是燒退了，所以情形好轉，結果到了下午五點，他又開始全身發冷、寒顫、全身不適。

突然變得虛弱的他，走下床在病房到處下跪、磕頭、哭泣，並表示他對不起所有的人，包括母親、護理師。大家都圍過來安撫他的情緒，並會診精神科醫師來處理，但是醫師的處置並無太多的改善，精神科的藥也沒發揮作用，他仍然木僵、無法吃飯。

精神科建議打降顱內壓藥物Glycerol，並檢測甲狀腺功能、做腰椎穿刺……但仍沒什麼幫助。

後來他常常頭部搖晃，左右搖頭、轉頭，雙眼四處轉移，類似EPS錐體外症狀，於是值班醫師開立了一些治療錐體外症狀的藥，但當場沒什麼反應，檢查處方也看不到常見引發EPS的藥，例如止吐藥、精神安定劑等。

有時在這種譫妄現象下給予安神劑，反而會造成EPS。但是這位年輕人的症狀一變再變。因無先前病史，所以仍不是一般典型的錐體外運動障礙。幾天後熱退了，雖然醫師建議留院觀察，但家屬堅持出院，畢意此次住院時間實在太久了。出院時，病人表情依然冷漠，但已無木僵或譫妄的現象。

●

到底是幹細胞移植及高劑量化療的副作用，還是這麼年輕就得到如此重病，且久病未癒，重擊了年輕人的心靈？這些精神異狀還不是目前醫學所能解釋的。只能說，他經歷了一次令人印象深刻的靈性困擾。或許他對自己存在人世間的價值產生極大的懷疑，而這種不安與恐懼、折磨，又有誰能感同身受呢？

《楞嚴經》卷二提到，波斯匿王出場，請問佛陀生滅身中的不滅性。佛陀問匿王，其三歲時見到的恆河水，與六十二歲見到的恆河水，有什麼不同？匿王回答沒有不同。當下匿王得到了啟示：原來身之衰變也同恆河水，若轉換思考，隨身生滅的法身不壞，不生不滅的法身則未曾改變。而在漸老的過程中，見聞見性的初心絲毫未變。

罹患癌症的病患在長達數個月，甚至五年到十數年間，會有不斷的惡化、復發。這種治不好暫時又死不了的折磨，加上對未來不樂觀的預期，比任何情感上的壓力來得更大，就連醫護人員也常會有心力交瘁、力不從心，甚至burned out的感覺。

一般宗教關懷師除了傾聽與陪伴之外，最好能夠應用比較好的比喻，像是波斯匿王的故事，引導病人進入宗教信仰的殿堂。若能對人世間所發生的苦難與在世的人生意義有進一步的了解，將有助病患度過生死關的最後考驗。

案例討論三

W君是位資深護理長，中部人，小時候與常人無異，也沒有特別的通靈能力。平凡的成長過程，沒生過大病，沒有所謂穿過陰陽界時空隧道的瀕死經驗。W是我血液腫瘤科的同事，共事多年也沒發現她有特殊能力，直到個案出現。

有位六、七十歲男性病患，雖是肺癌末期，但仍可以稍微自理生活。有天我發現他臉色不對，正暗忖是否生命轉折點到了，但其他生命跡象穩定，也沒有明顯併發症。經詢問病人，並沒有特別不舒服，只是睡眠不好，偶爾聽到怪聲。我詢問主理護理師，有沒有發現病人臉色怪怪的，她與同事皆回答沒有異常。

我懷疑是否我的眼睛有問題，因為我有高度近視，這時恰巧W君走過來，我趁機問她有沒有發覺某床病患臉色不對，我甚不放心。

W君微笑著回我：「你都知道了，又何必問。」

我說：「知道什麼？我是擔心有不好的事將要發生，有不祥的預感。」

W：「相信自己直覺判斷。」
我說：「我覺得他活不過七十二小時，面相變了（歸魂相）。」
W：「對啊，你進步了喔！」
我說：「你怎麼如此肯定？」
W：「他的靈都已經離體了，時間到了呢。」

後來，我們相互印證其餘發生在癌症病人身上的事，彼此合作，互相交換臉色，並做好準備。

當發生類似情形時，偶爾會穿插迴光返照之事，所以要接著做緩和醫療及臨終照護準備。病情解釋方面，會勸家屬預做生前導引，及讓病患自主決定，簽立DNR（不施行心肺復甦術）同意書。

我曾問W，同時看得到陰、陽界，是怎麼樣的影像呢？

她回答，很雜亂，就如同電波干擾一樣，但她盡量不去看陰界的那部分。癌症病房有時一天會有數起病患往生事件，所以會有一些出竅的靈魂，或前些日子過世而仍在病房徘徊遊蕩的幽靈。W見怪不怪，工作上也不常被干擾。

其實當初W有陰陽眼時不是這樣的，她每件事都當真，會告訴其他同事，某床心臟快要停止了，快呼叫九九九、準備CPR治療推車。但是她發的警訊太早了，此時病人仍有呼吸心跳。十五分鐘後，果然病人心跳停止，W只不過是太早知道。

經過多次事件後，W放下了，她不再提早呼救，只是自己默默地把CPR車推到該病室走廊邊。有時過世病患託夢，在陰間庫銀不夠用，W會邀我陪她到殯儀館處理，還遇到俗稱「發爐」之事，冥紙爆燃。

她不是唯一的陰陽眼，她在中部的修道場有十多位相同的同修，她的妹妹也是其中一員。該修道場有法師主持，一起集氣，請神佛降臨、解除他們的困擾。幾年後她告訴我，陽氣漸漸多起來。後來她懷孕了，也順產；再後來，陰陽眼時有時無。

又隔了幾年，她升任督導不管癌症病房的事，而我仍繼續臨床照顧，但好像案子變少了。我打趣地問她，要不要過來看看我的病例，好久沒跟她討論了。W說，她已經完全看不到陰界的景象了，並在電梯外回了我一個燦爛的笑容。

第五章

時空轉換與潛意識

時空轉換與潛意識

有些臨終或重病者會遇到前世、來生的奇妙時空交錯，或在瀕死而終究未死的經驗中，見到異象。之所以發生這類譫妄，有其不可說之前因後果，可視為靈性上之呼喊、一種求救信號：「請快赦免我。」

功過與來生

人的一生總要蓋棺論定，在宗教界的說法亦是如此。

例如基督教與天主教的「最後審判」、佛教與道教的「六道輪迴」、民間信

仰的冥界閻羅王、地府之審判。故但丁作《神曲》，描述陰間的各層地獄之苦刑；而佛教的目犍連下地獄救母親或是《阿彌陀經》，也都詳述地獄與西方極樂世界的強烈對比。

東西方的宗教一致認為，死後靈魂將接受審判，那麼，若是無神論，又將由誰或什麼機制，來判定每個靈魂的功過？有趣的是西方科學對此論點毫無解釋，因為認知科學或行為科學必有其根據，但每個人死亡前數週的表現各有不同，甚至許多病人呈現彌留狀態，或譫妄或健忘，或神志不清，或答非所問，故無法做任何研究。

有些精神科醫師在出版的文章中指出，宗教信仰可以影響一個人在死亡瞬間的殘存意識，及其所顯現的特殊景象，如基督教徒或可見到聖徒、天使、基督，而佛教徒可見到阿彌陀佛（未來佛）、地藏王菩薩、觀世音菩薩。然無宗教信仰者，也可見到一些代表性的聖靈，如黑無常、白無常。有些學者持懷疑的態度，或雖半信半疑，但不做表白，孔子就是代表性人物。

孔子說：「子不語怪力亂神。」但他又在《易經》的繫詞中，對鬼神及占卜做了些研究，五十而學易，不亦可乎。只是他老人家覺得易理太玄妙了，請學生們敬鬼神而遠之，還是少碰為妙。儒家不談死，但道教卻重養生及垂死後的慎終追遠，以及風水之說。為何孔子重視慎終追遠而民德歸厚呢？蓋鬼神亦為祖先所轉化而成，故陰曹地府仍具法院式的權威，不可大逆不道以遭天譴。天譴實則為一般所說的報應。這些文化背景經幾千年的流傳，深植於各民族的人性之中。

說也奇怪，有宗教信仰的人多半有因果論的認知，種善因、結善果，所以在面臨死亡時雖仍會有恐懼，但比較容易接受心理及靈性的輔導。他們恐懼的是對死亡的不安、對生命的眷戀與執著，一旦非死不可，則較能恬靜接受。

而沒有宗教信仰的人，生前認為一切事在人為，沒有神，沒有天，也沒有超能力可以左右結果，但卻也懷抱奇蹟存在的想法。有些醫師自己得了癌症，也嘗試各式偏方、各種化療，看看會不會碰巧用對了方子而不藥而癒。結果當然是愈試愈驚慌，此時，他們也遇到了靈性的困擾，這對相信科學的醫生而言是很諷刺的，他們心中的驚慌可想而知。

一般民眾認為醫師自己會治病，應該沒什麼問題，殊不知「所知障」才是學生命科學的人最大的障礙。實驗室的基因變來變去，似乎在玩逃避死亡的遊戲，但科學不曾有能力創造一個生命、一株草，甚至一個細胞，科學只能玩弄基因，變造生命。許多面臨癌症末期的醫師們，他們內心的無助與恐懼，或轉為極度的憂鬱，或無可奈何。有人選擇放療、移植、基因治療、標靶治療；也有治癌專科醫師罹患難治的癌症時，選擇走向安寧的懷抱，專心靈修最後殘存的夕陽。

這兩種或多種人生態度的差異，純粹與個人的靈性傾向有關。以一般對宗教有基本認識的人而言，因認知有來生（After Life），及因果報應之罪與罰的因果律，故多數人不敢我慢張狂，而以虔誠敬畏的心來祈求神的寬恕與憐憫。但一般學科學的人，自以為認知就是一切，迷於我相我執，有成見、偏見、邊見，令心高舉，常謂：「我不負於人，未行虧心事，孰奈我何？」此種人貪愛於生，痴於科技，無明煩惱，雜染有情，生死輪迴不得出離，最難輔導。所謂道不同不相為謀。

先知——時空的回溯與前瞻

其實，科學家中不乏愛因斯坦及牛頓等大師級人物，相信宗教科學只是了解有情世界的工具，是有例外的定律而非真理，而科學是用來解釋現象界的。例如生命如何起源，或蛋生雞、雞生蛋的問題，就可以爭論不休。

時空界的統一，從相對與絕對的關係中，可以找到軌跡去證明，人類可以找回過去的潛意識，或預知短期內將發生的事情。

Discovery是相當科學的電視頻道，偶爾也會播出通靈者協助檢警調查做鑑識的輔助辦案節目：通靈者可以從案發現場的證物等，感應其能量的聚積，並重新建構凶案發生的場景，看出凶手的輪廓，例如白種人、黑人、高矮胖瘦，有無鬍子，人數多少，凶器為何……難辨的懸案經此而破解的，不在少數。

這在時空的統一中，屬於「回到過去」，相對地也有「回到未來」，只是未來的事尚未成定數，仍有不定之原因，故多數有能力的通靈人只能感知一些模糊的輪廓，不若回到過去那麼清晰。

Discovery也播出了一些歷史上著名的案件，例如出賣耶穌的猶大，以及在埃及出土、其真實性已得到確認的西元二世紀之猶大福音（莎草紙版）考古工作：其實，猶大才是耶穌最優秀的十二門徒之首，他出賣耶穌，是他感應到未來將要發生的事，而耶穌也知道他的愛徒可以受重託，願意假裝出賣耶穌而遺臭萬年。

耶穌是上帝之子，在世間為拯救沉淪的人類（尤其是猶太人）而以自己的死，被釘十字架來救贖人類的罪。

耶穌當然是先知，他知道自己被上帝揀選來拯救世人，他豈不知道十二名門徒中有人會出賣他？他也當然知道，他的十二名門徒有人會願意假裝出賣他。耶穌知道，必須如此設計，才可以成就經裡預言的大事。他也曾為此事軟弱過，他必須付出極大的勇氣，承受極深的痛苦。猶大當然也有先知的能力與聰明，他知道老師（夫子）找上他，利用他的犧牲以及被後人辱罵，來成就神及夫子的大事（大計畫）。

耶穌很高興猶大並未有絲毫猶豫，以沉重的心接下此重擔，向羅馬人指出耶穌來，以便被捉住。然而耶穌之死並非羅馬統治者彼拉多的判決，而是猶太人眾祭司長、長老嫉妒耶穌所擁有的權柄，與人民思想的轉變而下的毒手。

先知本身也多數具通靈的能力，但世間的通靈者並非先知，有些反而有偏差的修行而行不義之事。

這類時空的統一、回溯與前瞻，都是合理的，只是認知科學在有限的聰明中無法證實並複製成實驗，而以不可知、不可測作為逃避的理由。故認知科學家無法進入神學、宗教、哲學這些神祕而浩瀚的時空領域，人的潛意識界也面臨相同的困境。

靈性困擾，是死後審判的前哨站

用化學物質來解釋心靈的異常活動，是本末倒置的結果，精神醫學已走入科技的死胡同。

目前的科學研究，似乎已為製藥工業的團體推向荒謬的死胡同，以一種又一種的新藥來治療精神病患；甚至對於癌症末期的譫妄，也以類似假性精神錯亂來解釋種種靈性困擾。人若怕狗，應加強人狗間的互動關係，彼此認識，和好，相親相愛；倘若選擇把人關起來，不讓狗咬得到，還不如給人類一些棍棒去追打狗兒。

那麼，為何重症者或癌末病人會出現靈性困擾呢？道理其實很簡單，這件事必然要發生，因為這是死後審判的預習（前哨站）。

人生下來本來就是不完美的，或帶有原罪，必須在一生中不斷修持改正。命運的安排自會顯現每個人一生中的課題，而個人的自性可以覺察出自己的功課是什麼、問題是什麼。長處中隱藏短處，在處處的危難險阻中又會透露出玄機，所謂達生之情者、達命之情者，自然可以看出格局。

然凡夫俗子庸庸碌碌為三餐打拚，何來慧根去覺知自己的功課為何？就像有些人不經意地做了一些惡小的事而不自覺，還認為自己沒做什麼壞事。許多政客做盡壞事卻以為人民是笨蛋，什麼都看不出來，穿金戴翡翠，購豪宅名車，這些錢從哪裡來？其實這些貪官汙吏很可憐，他們早已被撒旦誘惑，已開始墮入無間地獄而不自知。有些人現世報，有些來世報，這些墮落的靈魂，又將由誰來救他們脫離重重業報？

在功利主義、物欲橫流的社會，享樂已變為功成名就的代名詞。殊不知，名利富貴乃過眼雲煙的假象。老子曰：「禍兮福所倚，福兮禍所伏。」印證了陰陽相生，福禍相倚，豈能不慎乎。

凡人常自恃其所能，而不知天之難測。莊子曰：「知人之所為者，以其知之所知，以養其知之所不知。」又曰：「雖然，有患。夫知有所待而後當，其所待者特未定也。庸詎知吾所謂天之非人乎？」古時候的真人也類似先知，不知說生，不知說死，不忘其所始，不求其所終。順天知理，道通為一。

但現世中，一些科學家太過執著於——依莊子的說法，是「嗜欲深者，其天機淺」——欲求其所始，妄求其長生而不終。

所以說，我們應秉持何種態度，來審視臨終或重病者所遭遇之時空統一中的交錯，例如在某個時間點（某年某月某日）遇到前世、來生的奇妙時空交錯，或在瀕死而終究未死（還魂到陽界）的經驗中，所見到的異象？

事出必有其因，這是康德的因果律。西方哲人也相信頭上三尺有神明，簡單來看，理性就是我們的神性。所以病患發生譫妄，亦有其不可說之前因後果，可視為靈性上之呼喊，「請快赦免我」，其實這是靈性的求救信號。神性常監督我們的行為，免受良心的譴責。或有所謂的聖神的相通，與聖靈的感動。

因此，我們可以嘗試推論，潛意識可以在人類特別脆弱的時候浮現，以理性來批判過去所作所為，也藉由顯現一些負面的異象以警惕我們，同時打開一扇門，讓我們仍舊可以把握機會，在最關鍵的時候與神和好、認罪與悔改。

我個人以為，這說明了為什麼有些病人聽完我的解釋淚流滿面，願意接受神的眷顧與赦免，不久他們就變得法喜滿滿，惡夢不再，譫妄不藥而癒。有些時候高燒也因此而退，腫瘤壞死因子減少，下視丘的體溫調控中樞回到常軌。相反地，另外一群病人並不信這一套，他們要求轉院，另請高明，結果是譫妄、高燒未減，形容消瘦，醫師則處方各種抗生素、抗菌藥、退燒藥，以及精神病的神經攫取性（Neuroleptics）藥物，依然是每況愈下，多重器官之衰竭接踵而至。

生死交關處的總檢討

從另一個角色來看潛意識，包括末那識（佛經第七識，轉承作用）及阿賴耶識（第八識），也就是法身真我跳出來說話，幻化不同的化身（累世的遭遇）來做今生今世的總檢討。自我評量，以期有改善、補救之時機。這是神賦予人類最高的神性，因人是從神而來的，基本上每個人都有此功能，即便是新幾內亞、澳洲的土著，或泰緬邊境的未化之民，亦有與祖先的靈對話之傳統。

神的批判，也是自我良心的批判。很多人沒有自我反省能力，並不表示有朝一日他沒有悔過之時。許多惡貫滿盈的犯人，最後也皈依了神。人皆有佛性，每個人都可以是未來佛，這點也是平等的。意識（第一到第六識）或潛意識（第七、第八識）中，都有神性的存在，因為自己的一切本就來自於神。

所以，在生死交關處，人的一生總要做一個總檢討：此生已盡否？梵行已立否？今生今世我們做了多少事，善行有多少，惡行有多少？優點發揮了多少，缺點改正了多少？我們面對最後的審判時，將會交出怎麼樣的成績來？

有人天生貧困，但奮發圖強，利益眾生，己立立人，己達達人，坦蕩無過；也有許多人認為天性難改、本性難移，就來個今朝有酒今朝醉，結果，交出來的成績單又如何？

每個病人在生死交關處所面臨的靈性異象，各有不同。當我面對各種不同的癌症末期病人，我習慣性會跟病人聊天，談一下他們心裡的話，套一下他們夜間的思考、夢境，尤其是昏迷或譫妄後清醒時的記憶，再以護理紀錄及看護婦佐證。若有心靈困擾則適切地安慰，為其說明意義及改善的方法。

多數病人都很願意分享他們的經歷及感覺。當然，有些病人往生了，有些病人因遭此變故而不願意分享經驗，變得冷淡、憂鬱、少言語，或多有抱怨醫護之不周到；有些可能會換病房、轉院、改名字，或自動出院，做逃避性的反應，也不一定歡迎宗教及靈性的關懷。但也有許多病人是曾經發生深刻的靈性困擾，又被救了回來，而且長期存活（多半是血癌、淋巴癌，或再生不良性貧血的嚴重型病人）。這之中，很多病人有了宗教信仰，人生也變得豁達多了。

那麼，最後審判前的preview（前瞻性預演）有何跡象可尋呢？我們從佛經中可以印證下面幾類。

案例討論一

「為是病人，供養經像，或造佛菩薩形象，或造塔寺，或燃油燈，或施常住。如是三白病人，遣令聞知。假令諸識分散，至氣盡者，乃至一日、二日、三日、四日至七日以來，是人命終之後……永得解脫，所受生處，常知宿命。」（《地藏菩薩本願經》，如來讚嘆品第六）

一位四十多歲女性病人，在病重時得此類惡夢：有一人拿了一些活魚欲賜予她，但她不吃，後又遇見一人帶領她離去，此人相貌特殊，令她印象深刻。後來她的淋巴癌得到緩解，已存活近二十年，她表示從此她改吃素。有天她經過一家賣佛具的店，看到一尊與她夢中極為類似的佛像，詢問店主此為何物，是哪尊神佛。店主告訴她，那是地藏王菩薩，目犍連尊者是也。於是她馬上買了，請回家供養。

原來，在她病危彌留之際，指引她歸路的是地藏王菩薩。此後，她皈依了佛教。這些都是她的佛緣，與佛結緣的方式很多，但在危難中結緣的更多。

有些人與佛有緣，則在困頓中自有貴人相助，引進佛門內。基督教也是一樣的，許多赴美之留學生信了基督教，是因為在他們危難之際，基督徒給了他們很多的幫助與關懷。愛，尤其是大愛，可感化人心。

●

《地藏菩薩本願經》云：「常輕三寶……不久命終，魂神墮在無間地獄。在世不信因果，計當隨業，必生惡趣。」

又云：「有男子、女人，久處床枕，求生求死，了不可得。或夜夢惡鬼及家親，或遊險道，或多魔寐，共鬼神遊。日月歲深，轉復尫瘵，眠中叫苦，慘淒不樂者。此皆業報……或悲或啼，或愁或嘆，或恐或怖。此皆過去父母、男女弟妹、夫妻眷屬，在於惡趣，未得出離……」

也就是說，在生死交關處，病人的轉型性能力非常大，可往上提升，也可往下墮落，臨終一念甚為重要。我佛慈悲，凡人即使生前作惡多端，但臨終一念仍有悔改之時，故有極大的能量。

冤親債主多為祖先親屬，因累世業報墮於惡趣，不得出離——以此觀念與信仰而言，在病人往生前，或往生後的七七日之間（中陰身）的宗教儀式，誦經消業的法事是重要的。但對病人而言，往生前最後幾堂生命中的功課，悔改、歸順、放下、接受，乃非常重要的機制。

有些不信因果、持不可知論者，多數雖鐵齒不信，但面臨生死關之際仍會低頭。當然，勉強低人者，果效差矣。但亦有一說是父母、男女弟妹、夫妻眷屬並非真的過去親人，而是惡鬼假扮，以期將病人之靈魂往惡趣牽引。

臨床上常見到，病人在半睡半醒之際見到父母現前，示意病人過去相聚。但也有人是看見親人以慈愛面容示意病人速速離開、不要跟過去，往往病人做此夢不久後即會康復，意味著大限之日仍未到，不可以提早來陰界報到。

病人夢到夜遊險道，或與鬼神共遊者，比例上最多，而活過來說給我聽的，多屬此類。

此夢境有幾個特點，場景多為陰暗天際，人來人往，很多人且擁擠，全數不認識；或有一人出來說話，共邀乘車出離，似乎多數人都前往某處，面孔皆不易辨認清楚。活過來的病人，都一致表示他們從不想跟著眾人離去。大概說來，跟眾人離去者，已墮惡趣。

案例討論二

「若有善男子、善女人，聞說阿彌陀佛，執持名號，若一日、若二日、若三日、若四日、若五日、若六日、若七日，一心不亂，其人命終時，阿彌陀佛，與諸聖眾，現在其前。是人終時，心不顛倒，即得往生阿彌陀佛極樂國土，發願往生彼佛國土，必不退轉。」（《佛說阿彌陀經》）

「於生死界現涅槃界，於涅槃界現生死界，是菩薩境界……以無邊身現做一身，以一身充滿一切法界，是菩薩境界；於一念中，令一切眾生發菩提心，各現無量身，成正等正覺。」（《華嚴經》，卷五十六）

另外一類病人，在病危臨終前則有更好的善緣，而能在彌留、甚至清醒的夜裡見到喜樂異象。如此是非常圓滿的事，病人的表情多半平靜自在，神志清明。家屬在照顧此類病人時，心也比較輕鬆與安心，因為病人的身體疼痛很少，靈性困擾也不曾發生，神貌安詳，話語雖不多，但都是感恩惜福之語。

他們從不問：人可以活多久？為何病不會好？還有什麼新藥？能否加入臨床試驗？某人為什麼會好，而他不能？昨天的檢驗報告如何，是改善或惡化？他們沒有企圖心與興趣詢問這些，所以有時查房沒什麼病情可聊，三言兩語，卻一切自在不言之中。我多半會跟他們分享宗教上、靈性上的經驗。

一位八十歲警界退休的高官，看我的門診數年，他只告訴我，他是老兵退伍，子女都受高等教育、在美高就。

他罹患攝護腺癌，在泌尿科治療多年後，變成荷爾蒙治療失敗的轉移性病變，肝臟異常腫大且疼痛不已。原本他看我的門診，是因為慢性骨髓增生症，血小板太高，有腦血栓之高危險因子。後來攝護腺癌轉移後，變成血小板過少，全身散布性凝血症，以及全身多處骨頭疼痛，甚至骨髓已被轉移。

住院後不到一週，全身檢查做完，他深知已走到人生盡頭，便馬上有放下的心情，完全將肉體託付給醫師，讓醫師全權處理。

我告知他的兒女，有歐洲紫杉醇可以打，健保局已開放此一適應症，根據文獻報告，可以延長五個月的生命。但學護理的女兒笑笑婉拒了此美意，後來也不提化學治療的事。他們認為八十歲的父親不用再延長生命，遭受更久的肉體的折磨，於是我會診安寧病房的醫師，在輕鬆氣氛下隨意聊聊。

我問他，睡得好不好，有沒有做什麼夢，有沒有什麼異象，心裡放著什麼？

他說，心中空空的，什麼都沒裝。

我告訴他，這樣很好，是最上乘的功夫。

他問我，《華嚴經》看了沒，《楞嚴經》研究了沒有？

我告訴他，這是我最喜歡的經書，都念了。

這名三線三的警官退休後，平凡得像隔壁的鄰居爺爺，什麼架子都沒有。無貪生怕死，無欲無痴，大和尚也是如此吧！

子女們幫他選了一念珠掛在膀子上，更顯莊嚴。說實話，行醫二十七年，尚不易見到如此通達生命之情者，不務生之所無以為，如此方能解脫人世間的煩惱啊。

第六章

聽見怪聲

聽見怪聲

生重病者，常會發生半夜聽見怪聲的情形。有時只有病人聽見，有時陪伴的至親家屬也會聽見。

精神醫學認為這是幻覺，多人一起聽見，叫做集體精神異常；蓋有一些精神病患，家族中有幾名成員皆有精神病。甚至，有些一同修行的人，經歷奇怪、不可思議的情境，也被如此定義，等同於乩童之「起乩」……

被診斷為精神疾病的靈性困擾

若平時看似很正常的人，偶爾夜裡聽到許多人說話或怪聲，就將之定義為暫時性的良性精神錯亂、調適不良症候群，我想病人及家屬通常會相當憤怒：為何他們是正常人，摯愛的病人也是教授或大老闆，卻被定義為精神異常？於是乎醫師們又改口說，可能是藥物引起的副作用，此時血液腫瘤科醫師更生氣了：沒事扯上我們幹麼？我們也沒給什麼特殊的藥，會導致病人的幻聽或幻覺……

硬要用一些科學名詞去套用在一個不可知、不可測的非科學領域，就會落得這個下場，在別人看來其實是非常可笑的。就如同黑格爾用了一堆晦澀的哲學名詞來故弄玄虛，後來證實乏善可陳，被叔本華大大地諷刺一番。因為黑格爾的緣故，當時叔本華的課沒有學生愛聽，他出版的書也沒人買；而故弄玄虛者反而有許多追隨者，這叫做時尚。

孔子言：「知之為知之，不知為不知，是知也。」其實，癌症末期的病人，或是其他疾病的重病患者，有幻聽的現象是常見的事。若發生在加護病房裡的病人身上，則俗稱為ＩＣＵ症候群。

案例討論一

一位四十九歲的知名電器品牌高級主管洪先生，得了急性骨髓性白血病，白血球高達十萬，因為開車途中頓覺頭暈，握不穩方向盤的緊急情況下，被送到某醫學中心的急診處。

當時病人主訴胸痛，所以抽血檢查，發現CPK、Troponin等心肌酵素異常上升，且心電圖呈現缺氧狀態，於是急診大夫緊急通知值班的心臟科醫師準備做心導管檢查。結果手術前，白血球高達十萬、血小板不到兩萬，而且有許多不正常的芽細胞，於是趕緊會診血液科。

經過一連串的血液、骨髓、特殊染色、流體細胞採集分析，才知道是急性骨髓性白血病（血癌），而且是腦出血的高危險群。因為他太慢就醫，已發生血芽細胞過於濃稠的血球過高性淤積（Hyperleukocytosis），症狀包括頭痛、眩暈、視力模糊、神志不清、呼吸困難等。因子愈多，則大腦顱內自發性出血的機率愈高。

隨後我們做了一些處置，包括及時給予化學治療、輸液、做白血球置換術，移出大量的血球到體外。終於他度過了危機，連急性呼吸困窘症也消失了，後來很幸運地達成完全緩解。

有趣的是，在病情稍微得到控制時，他聽見了怪聲。

依據他太太的敘述，她什麼都沒聽到，本來睡得好好的，但先生醒來，告訴她牆壁裡有許多人的吵雜聲，甚至嘎嘎作響，非常吵，希望太太能跟護理站聯絡一下，三更半夜隔壁房間的病人家屬怎麼可以這麼吵。但隔床病人也是單人房，非常安穩地睡著，何況護理人員也沒聽到吵雜聲。

這情形連續發生數日，家屬終於忍不住問我，這是怎麼一回事？護理紀錄則記載，病人半夜煩躁不安，有幻聽現象。

我了解雙方說法後，告訴他們：的確醫院隔間做得不算很好，是防火牆的材質，缺厚實的水泥牆，就連白天也可以聽到隔壁房間的聲音，但是這位病人的病情不太一樣。他的神志似乎是清楚的，所以可以聽到這些半夜怪聲，但為何都在三更半夜也是挺奇怪的，不妨我們信其有，抄些《心經》，迴向給夜裡的兄弟，有拜有保庇嘛。

病人的太太本來也信佛，所以欣然同意。說也奇怪，第二天怪聲就不見了，我後來也淡忘了這件事。

隔了一兩個月，洪先生又入院做高劑量化學治療作為加強療法，半夜怪聲又捲土重來，且變本加厲，連洪太太也感受到了，房間也一起震動，輕微搖晃，但又不像地震，怪聲連連。

他們夫妻覺得實在是太離譜，但這次並未向護理站反映。以前她念一念佛號，誦幾遍《心經》即可，這回不管用了，於是虛心向我請教有何良策。我告訴他們，無論是福或是禍，反正也遇到了，禍福相倚，有了上回的經驗，表示以宗教儀式來解決是可行的，不妨用筆抄《心經》，集數張後念誦十八遍、三十六遍、七十二遍，看自己誠意，然後悉數燒盡，迴向給所有見聞者。

他們夫婦言聽計從，結果功效奇佳，往後的日子也沒再發生類似靈異事件。洪太太見機不可失，於是勸她先生剃髮，學習打坐、念佛、吃素。原本對宗教毫無興趣、一概不理會的洪先生竟然答應願信佛法。

不久，我在十方禪林有一堂講演，主題是以佛法度過安寧的歲月，邀請幾位罹患癌症的蓮友們前來共修。有些人已經痊癒了十多年，仍歡喜地前來共襄盛舉，而洪先生感覺更好，他認為他已找到了方向。後來他們回到門診複診時，告訴我，他們找到一位大師禮佛，大師告訴洪先生說他本與佛有緣，上輩子當做和尚，或因戒律，或供奉三寶不力，才有今天之劫難。

●

又過了半年左右，洪先生突然因腹痛、心痛入院，狀況頗為急性發作，病情不穩。

那天剛好隔天是週六，我必須到彰化演講，不得不離開台北。那時他的急性白血病已得到完全緩解，血液中找不到癌細胞，所以我告訴他們，這次與血癌無關，應該是胃潰瘍或急性冠狀動脈疾病（但不久後排除了這個診斷），我告訴病房住院醫師及血液科的總醫師，必須做影像檢查、胃鏡，照會胃腸科及一般外科，必須排除胃穿孔的可能性。因為洪先生有胃痛的病史，何況我摸他的肚子是硬如木板。

後來，在南下的火車上，我與總醫師聯繫數通電話後，稍可以放下忐忑不安的心。但我隱約覺得不太對勁，怎麼那麼巧，我不在台北，洪先生便出了大事？又撥了通電話請洪太太多小心，多與外科醫師及腸胃科醫師商量，最好是手術探查，因為直覺上我認為是腹部急症。

隨後的半天，我因整個下午研討會的緣故關了手機，我想，任憑其他團隊接手應該沒什麼問題，畢竟他的血癌是完全緩解的，似乎不應該責任由我全部一把捉。研討會結束後，我在傍晚搭火車趕回台北，期間沒任何人回報消息，以為洪先生沒事了，回台北才發現一切都太晚了。

洪先生在這段時間裡，已經不行了。

怎麼會這樣呢？才不過二十四小時而已。

因為腹痛嚴重的關係，洪先生變得神志混淆；外科醫師認為不像胃穿孔，何況曾經有血癌的病史，加上精神狀態不穩定，所以他們認為觀察一下比較妥當。腸胃科不認為應該緊急做胃鏡，或以其他方法來診斷胃穿孔，因為該不該手術或剖腹探查，是外科的權責，何況病人未吐血、未解大量血便。

值班醫師因病人譫妄，故打上安眠藥，後因血壓低又打了Levophed（一種血管升壓劑，副作用是血管收縮，血流灌注反而變少，易造成腎功能缺損）。十二小時後，情況急轉直下，休克、高燒、昏迷、乏尿（腎衰竭）接踵而至，最後心跳停止。

我簡直不敢相信，這一切變化得這麼快，六個多月前他才隨著我去十方禪林聽演講，白血病又已得到完全緩解，竟然因突發腹痛，在不到四十八小時的短暫時間裡走了。

我比誰都不能接受。他就像我放牧的一隻綿羊，是最善良、最好的綿羊，為何就這樣犧牲了？我非常難過，不能為他扭轉乾坤，我更不甘心他的血癌是完全緩解的，心臟雖得過心肌梗塞（在血癌發作時併發的），但最危險的時候都走過了，為何會栽在腹膜炎上？是團隊的合作問題嗎？是命已該絕嗎？

數日後，洪太太過來看我，反倒是她來安慰我。她認為一切是天意，本來第一次血癌及心肌梗塞發作時，洪先生就應該沒有命了。經過半年多的安穩日子，他的心境是這麼平靜，而且皈依了佛法，不像以往看輕三寶、不相信宗教。

說也奇怪，在此次腹痛剛入院的那天晚上，洪先生就立下了遺囑，他認為自己將不久人世。洪太太還笑他別這麼悲觀，白血病仍在緩解中，何況有張醫師可以靠，別那麼想不開；一切都可以放下，沒什麼需要掛心的事。當時洪太太只當他是多愁善感，發發心中的鬱悶而已，難道洪先生可以未卜先知，預知人生將走到盡頭？

●

在第一次法會做七時，洪太太在半睡半醒中看到了一個異象，她見到先生來找她，告訴她，他在觀世音菩薩的座下當童子，他在那裡過得很好。

洪太太在一所國立大學任教職，過去從未有此異象，但自從修習佛法後，她的觀念大大地改變。她認為人生在世，長短並不重要，能夠自己覺悟又幫助他人覺悟、了脫生死，已經非常難得了，一切都是天意，一切都有安排。

告別式裡，許多先生的舊識及同事都出席，向她致意，洪先生是多麼善良、多麼樂於助人的一位好好先生。她很驚訝，因為天天看慣了，也不覺得有什麼，然而這麼多的同事一起誇讚她先生生前的為人時，她掉了淚：原來先生修行得這麼好，不能再埋怨什麼。雖然五十七歲就走了，或許將來再續前緣，一切都是緣分，畢竟也留下很多美好的回憶。

洪太太後來在醫師節寄了一張賀卡給我，要我好好保重身體，我們彼此心照不宣，彼此應更精進、不懈怠才好。

案例討論二

其實有許多門診的病人，也有幻聽及幻覺的異象。有些人外表很正常，家人也沒表示什麼意見；有些病人則是舉止有點怪，但也非精神科醫師認定的思覺失調症，充其量被診斷為人格異常或偶發性精神病。

有位三十多歲的女性病人，罹患的是紅斑性狼瘡的貧血。有次在門診聽到別的病人有幻覺、幻聽，她發現我的宗教態度是開放的，所以跟我們聊起她的經驗：她常常見到幾位跟隨著她的靈，但她都與他們和平共處，久了就習慣了，日常生活也沒什麼妨礙，她工作照做，完全不受干擾，同事也看不出什麼異樣。但我看出她臉部的顏色，比較黯淡一些。

於是我問她，會不會做惡夢？有沒有見到不潔淨的？其實是我點出她有這些困擾，之後她才承認的，以前不說，是她認為沒有人會相信她。一開始她也很害怕，晚上不敢關燈睡覺，但後來因為沒什麼事發生，所以也就習慣了，只是每到初一、十五等日子，她還是會上香盡一點心意。她本身並不是虔誠的佛教徒。

另外有一位病人，跟隨我的門診已長達二十年。二十年前，她只是一位二十來歲的大女孩，因自體免疫疾病合併全身器官衰竭、腦膜炎，重度昏迷。當時昏迷指數只有三分，甚至到了腦幹功能喪失，瞳孔雙側放大，沒有自主性呼吸的腦死程度。我曾在《越過邊境》（聯合文學出版）中提到她的病情。

在ICU急救後，她恢復了，只是二十年來她飽受病痛困擾之苦，曾經定期接受人工血液透析，但她不到精神科追蹤。

她的幻覺及幻聽從來沒改善過，精神科的處理對她發揮不了什麼功效，她母親也不贊同。我也沒開這類的藥給她，只是聽她傾訴，稍加輔導而已。

其實她的幻覺（白天也看得見），是典型的Spiritual Co-possession，真正的靈魂被占有，是自己的肉體附上別的靈，且是主宰型的（Dominant）。而她則是可以將現在的陽界，與一部分的陰界做一個重疊的景象。起初她氣極了，她不喜歡張開眼睛就看見一位美國白種男人跟著她，跟她說話，讓她不能專心做一些事，甚至那個美國人還會跟她吵架。

她母親一路走來，只當她瘋瘋癲癲的，所以不去看精神科，也不找道家做趕鬼的道術，又因與佛無緣，也不修佛。

她媽媽認為張醫師了解她們，就聽張醫師的就好了，我則告訴她們，是因為在生死的陰陽界走了一遭，所以磁場變了樣，就會有頻道相通、被靈界干擾的不良後果，因問題不大，只要自己能分辨此界與彼界即可。至於她常見到的美國人，應該是前世與她有緣者，不應惡言相向，反而應和氣疏導，和平相處，以宗教方法渡人渡己，才是上策。

因慧根不足，她很難進到最好的境界，但多能適應。每次她告訴我又見到美國人來騷擾她，我總是一笑置之，告訴她要善待別人，以惡相向是趕不走別人的，心存善念、多迴向給有緣人才好。

後來，她的紅斑性狼瘡併發尿毒症，洗腎多年後走完人生。從靈異現象，她能清楚描述在加護病房被急救的場景，也多走了三十年。

除了以精神醫學診治，還有沒有其他選擇？

其實國外也有相當多這類的例子，最有名的當屬約翰・納許（John Nash）教授。他是普林斯頓大學的數學教授，但他的數學公式應用到經濟學上則可以變成商場上的談判高手，對經濟貿易談判有重大影響，因而得到諾貝爾經濟獎。

在瑞典斯德哥爾摩接受頒獎時，他已經有很嚴重的幻覺及幻聽，也是兩個不同世界重疊的影像，他可以隨時見到兩個人跟著他，一位調查員，一位小女孩。

納許教授的夫人用了好長的時間帶他到精神科名醫那兒治病，但始終無法以現代精神醫學的藥物及各種療法治好她先生的病。

雖然納許教授曾因此性格大變，常暴怒、破壞家具，但她一路走來，始終相信有辦法改善。從少婦到白髮，歷盡了大起大落，她總算能讓納許過正常一點的生活，他學會不去在意他能看到的另一個世界，而可以隨時切換陰陽界，但從此納許教授不再有任何野心和衝勁去完成他最愛的數學。

他們選擇平靜地過一生，正如電影《美麗境界》。走過的路已經足夠了，學術的高峰也達到了，平淡的日子已是顛沛時最好的解脫，神也不曾應許什麼。

我們立足的地球表面本來就存在許多次元、許多空間的交錯。電話也有搭到旁線，聽到不該聽的事之情況，大腦中的皮質層有許多迴路，緣葉大腦的連接不也如自動交換機一樣嗎？何必硬是尋找一些解釋，或將如此善良的學者歸類為思覺失調症呢？

對於某些被害妄想（Paranoid）的人，有沒有人去想過，他們是否看到了別人欲先加害於他，所以才動手傷人？有些駕駛在馬路上（或許是清晨或半夜）看到馬路中央有女人，或有貓、狗擋路，因刻意躲避而釀成車禍，但事後並未有任何證據證明當時馬路中央有任何人或動物存在。這種情況下，又有多少人去理解當事人及家屬如何在後續的日子裡去化解這些厄運，所謂Ghost Haunted、被邪靈縈繞心頭？

門診裡不乏有著靈性困擾的病患，以千變萬化的症狀來描述他們的身心症狀（Psychosomatism），但是他們的問題解決了嗎？沒有找到癥結的身心症，光靠精神安定劑是不夠的。

我們的心理輔導做得如何？理論基礎又是否周全？病人到頭來還是到處看醫師，這與漂泊流浪多年的《荷馬史詩》中的奧德賽（Odyssey）又有什麼不同呢？

海神波賽頓對奧德賽提出的警語：「沒有神，你什麼都不是。」（Without God, you are nothing.）在現在漂泊的世人中，有多少人記著了？

以中國人的傳統信仰而言，人跳脫不了如來佛的神掌（《西遊記》）。而無法跳脫三界，就無法掙開無明煩惱。活人如此，走到生命終了的人，想以金錢、科技來延長生命也是極有限的。要長生不老、多活很久很久，也就是緣木求魚了。醫學是有限的科學，仍有許多無法理解的事，對於形而上的抽象問題與困擾，借用《華嚴經》卷七的說法：以一方便皆清淨。

相較起來，對死之將至，能坦然交代後事，不眷戀紅塵的大德，是非常難得的。惟有德者能之。反之，怨天尤人、挑撥是非的親朋家屬，只能加罪於病人，豈不是愛他反而害了他，造更大的業？

若有些良醫缺乏溝通經驗，又遭逢錯綜複雜的病例，導致家屬不滿意醫療的過程與結果，而引發尖銳的衝突、曠日費時的訴訟，結果因經不起醫療糾紛的打擊而怠於志業，豈非可惜？

許多癌症的治療，說實在的，成也科技，敗也科技。最重要的關鍵在於人們太相信科技，因而逃避面對現實，不願與神和好，回歸自然法則。

第七章

預見自己死亡

預見自己死亡

有些病人常在半睡半醒之際，做夢看見自己死亡，看到自己的墓園（他不一定有預購墓園），還參加了自己的告別式。

這類病人通常會在短期內死亡，少則數週，多則數月。但也有一些病人奇蹟式地痊癒了，連醫師都覺得不可思議……

來自夢境的預言

做夢看見自己死亡，看到自己的墓園，參加了自己的告別式……病人做了這

類的夢後多半會跟家屬講。但大多數家屬都半信半疑，其中有五分之一左右會告訴醫師，這些是屬於比較願意分享、真誠的家屬。也有一些病人會告訴醫師，有時是在清醒的時候，有時是在譫妄的時候，會大聲地說：「我已經死了，你們知道嗎？哈哈！不用再救我了！沒有用的……」

在現代醫學裡，這些症狀仍被歸類為幻覺、夢境，但是病人自己往往認為那是真實的預言，他們已準備接受。

預見自己死亡，在癌症病人中並不算少見，多數病人終會在不久的未來面臨死亡的來臨。有時我們會安慰病人，做惡夢嘛，不要去理會它。但是有的病人很沒安全感，疑心病重，總覺得哪裡不對勁，感覺身上似乎仍有殘留的腫瘤。說也奇怪，有時不久之後（數個月）便會發現癌症的復發，但在當下，以CT、MRI甚至PET Scan等斷層或核子醫學掃描，都找不到殘存細胞。

或許冥冥之中，有些病人的第六感比較強，可以意識到將來疾病的復發。所以我們會特別去觀察此類病人，且對病情的解釋轉趨保守，雖然以科學的預後指標（或指數）看不出端倪，但也不敢對第六感強的病人保證他的病沒有什麼事。一切都很難說。

相對地，有些病人則神經非常遲鈍，再怎麼暗示他們病情不樂觀，應及早治療，病人仍總以為自己吉人天相，身體並無特殊異狀，納悶為何醫師如此緊張。

有些人沒有病識感，從來沒有思考過自己有機會得到癌症，就連初診斷已是腫瘤末期了，亦不能意會事態之嚴重。當醫師對病人解釋他得到急性血癌，必須馬上住院時，卻仍希望可以上班到一段落，或等寒暑假／過完年有空的時候再治療。因為他們覺得身體只是虛弱疲憊一些，仍可以維持正常生活作息，為何一定要相信醫師，或許是醫師言過其實。

反過來說，也有醫師是很遲鈍的。病人發生一連串心靈困擾的事，醫師總是以心神耗弱、幻覺、譫妄、調適不良來處理。結果病情急轉直下，又是跌破專家的眼鏡，再度造成醫病雙方之對立。

年輕的醫師沒有足夠的臨床經驗，往往很難處理，或判斷此類靈性上的困擾與疏通方法。

會說出來分享的病人，幾乎他們不至於害怕死亡的降臨，有的則是迷惑、徬徨與不捨。

中陰身與肉身交接時

如同第五章講的時空轉換與潛意識，病人的末那識恆審思量已進入化身的轉換，也就是到了中陰身與肉身交接的階段。病人的死亡是一種過程，死前兩天與死後兩天其實是很相像的，靈魂皆可圍繞在肉身附近，故當靈魂出竅或與中陰身結合時，可看到不久未來將發生的事。當然，相對地也可以審視這一世的過去，甚至更前一世所發生的重要事件——阿賴耶識薰染的種子，仍然可以記錄累世所發生的一切。很像現在功能強大的電腦，在按下delete鍵後，仍然可以在記憶體中找到原有的檔案。

人雖死亡，但意識、記憶不會消除，而是存在薰染的阿賴耶識中，這在佛經《成唯識論》中有清楚的解說。

種子薰現行、現行薰種子，習性與特性、真我、自性互為表裡，相互影響。人騙得過自己，但逃不過良知或阿賴耶識中的種種紀錄，雜染的習性（註：雜染為佛教專有名詞，指通於善、惡、無記等三性，為一切有漏法之總稱），一層層地都可以解開來讀取。

所以說，癌症末期或重症病人在意識清醒的時刻，所說的話都是真有其事。所謂「人之將死，其言也善」，尤其是沒有壓力下對至親的家人所說的話。但很有趣的是，順命的家屬往往視其為真，而仍想搶救最後一線生機的家屬則選擇不去理會，當然也不會轉告醫師。

其實，護理人員相信的也不多，所以病歷或護理紀錄絕大多數沒有留下紀錄，僅有些護理師會記錄病人做惡夢、有幻覺現象，因此很難做臨終關懷的研究參考。

少數病人會向知心的主治醫師透露，他夢見自己過世了，怎麼辦？他不想醫治了。我曾經認為這種情形下，大概已回天乏術，但後來我發現我的態度不對，仍有一小部分人是救得回來的。約莫一兩成左右。天機是參不透的，在可以改變的情況下，仍然應該積極給予治療。

案例討論一

一位七十五歲的乾洗店老闆章先生，因不明熱及呼吸困難住到醫院的感染科，治療了兩星期仍找不到發燒的原因，但電腦斷層發現脾臟腫大，於是會診血液腫瘤科。

我去看他時，他幾乎癱在床上，雙腿浮腫，裝了氧氣的呼吸管子，甚為虛弱，就連說話都上氣不接下氣。後來經過左頸部淋巴腺切片及骨髓切片檢查，證實為第四期的結節性淋巴癌。

家屬問我，到底還能不能醫得好？我告訴他們，應該給病人一個機會。病患個性爽朗，他告訴我，若是可以的話，一切由醫師決定就好了，他把生命交託給我了。

第一次的化療算起來是順利的，除了化療外，加了抗淋巴癌的單株抗體「莫須瘤」（MabThera），一星期後燒退了，水腫也消多了。但因小紅莓化療藥（Doxorubicin）的毒性引發心房撲動、心肺水腫的心臟毒性，加上白血球下降，有感染之虞，且他原有糖尿病，章太太焦慮萬分。

有天查房，章太太告訴我，她先生夢見自己過世了，就連印好的訃聞他都看到了，可能是將不久於人世。化療毒性那麼大，章先生也變得意志消沉，還要繼續做下去嗎？我告訴他們不要想太多，先通過第一關，以後看情形再說，看事辦事，邊做邊看吧，畢竟有些第四期的淋巴癌反應仍是不錯的，不應輕言放棄。

隔了幾天，病情似乎好轉，白血球回到正常值，燒也退了，大家都很高興，似乎找到癥結，對症下藥效果就如預期的一樣。但好景不常，正當可以出院的時候，他發生了急性肺水腫及心律不整；除了原來的內科疾病外，可能是化療的副作用，造成心臟的毒性。

章先生發生了短暫的譫妄現象，加上先前他預見自己的死亡，意志變得消沉許多，他覺得我們白費功夫了。

章太太也六神無主，詢問我該怎麼辦，是否真的沒救了。我告訴她，這是與淋巴癌搏鬥的一場惡仗，只能進攻，不能棄甲，過程當然多有困難波折，但只要有機會，有希望就應該把握，險中求勝，全憑決心與毅力。這關的確困難，但身體與心理必須兼顧，求人求己外，還需求神以保內心的平靜。俗話說「有拜有保庇，有吃（服藥、營養）有行氣」，章太太表示她完全了解，她本身就是虔誠的佛教徒，誦經禮佛迴向，她知道該怎麼做。

章先生在住院近兩個月後出院了，他看見了陽光，重新拾回信心，對他而言是重新得到了生命。然而在接續的免疫化療中，他並不是一路順利的，突來的發燒、呼吸困難、倦怠無力，仍動搖了他們的信心。在高人的指導下，他們到三峽的山中閉關禮佛數次，所以化療是偶爾斷續進行，以配合他的閉關。

每次閉關約兩到三星期，期間都是齋戒沐浴、虔誠禮佛。出關時神清氣爽，身心靈得到充分的調養，但偶爾遇到中國人的節氣，仍有病情不穩的現象發生。我告訴他們，這是「節氣的運勢」，需謹慎、謙虛、低調行事。

關於節氣，其中又以除夕、七月半（中元節）、清明為最容易出事的三大節氣。其次是端午及中秋，與天地運行、陰陽相交有關。

健康的人沒什麼感覺，但患有重病或所謂神人不調和之慢性疾病者，在節氣交替之際，病情多有不穩定之現象。所以佛教、道教的各種祈福、消災、海陸大法會，皆應時、應勢而生，以解蒼生心靈之苦。這點東方人比西方人強很多。然而工業革命以降，許多讀書人斥為迷信，殊不知心靈的寄託與宗教信仰實是人與天地之相交，順天知命之根本。

莊子曰：「凡事若小若大，寡不道以懽成。事若不成，則必有人道之患；事若成，則必有陰陽之患。若成若不成而後無患者，唯有德者能之。」重病者在節氣相交之際常有陰陽之患，在醫院工作久了就會有此經驗，非科學可以理解，當然也常讓病家迷惑。最常聽到的一句話就是：「不是病情已穩定了嗎？怎麼又會這樣？」

有些病情的變化相當出人意外，許多不利環節接連發生者，是凶險之象。

●

經過四次的化療，加上兩次三峽的閉關齋戒，章先生的病情明顯改善，並得到完全緩解。因年邁體衰，剩兩次未打完的化療就順勢取消了，改打兩次免疫單株抗體之維持性加強治療。

他體力恢復了，雖免疫力仍弱，然則可以在台北近郊遊山玩水，心情好多了，藥袋子也逐漸變少了。但是每每遇到中國人的大節氣，身子骨總是出一些小毛病。我告訴他們夫婦，這條命是撿回來的，多少應禮佛，感恩惜福，並迴向利益眾生，如此方能在節氣上穩住安身立命的磁場，少受一些干擾。當時他執意在病情不算穩定時到三峽閉關，還帶了一些錦囊妙藥，就怕發高燒、呼吸困難、心臟病發作等。這些全仰仗章太太的細心照顧，終老畢竟是很大很大的功課。

章太太寫得一手好字，她有空就抄佛經迴向眾生，也抄了一些裱背起來，掛在化學治療室，讓化療的病人看了，多一分心靈上的寄託與舒適。

幾經大風大浪，病情起伏波瀾，章太太變成一位很虔誠的信仰者。只要聽醫師的話追蹤治療，其餘就交給神了，人是渺小的，只能順天知命。莊子曰：「安時而處順，哀樂不能入也。」年紀大了，毛病就多，看得開就能隨緣。

案例討論二

一位六十一歲的男性，因淋巴癌住院治療多次，有天突然覺得全身不適，發燒，夜晚背痛冰冷，呼吸困難，甚至喉嚨疼痛，有快窒息的感覺。但經過理學檢查卻找不到任何異狀。

他脖子的淋巴癌已消失了，胸部聽診正常，胸部X光正常，心電圖正常。請耳鼻喉科來看也沒有咽喉部的毛病；會診精神科，則建議給一些抗憂鬱劑。

數天後，病情不但沒改善，反而更惡化。查房時，他告訴我，他夢到自己的墳墓，墓碑上清楚刻著他的名字，在某某墓園裡，他覺得很不安，納悶為何會有如此奇怪的夢。加上連日來，他每到夜晚就呼吸困難及有窒息感，裝上氧氣的鼻管也沒有改善，背部還無時無刻不感到冷颼颼，但是他沒有幻覺。

我建議他的家屬，到祖先的墓園看一下，或請個風水老師看看，是否有不妥之處。因為夢境仍有可參考之處，夢到自己死亡，又見到墓園，多少與祖先有些關聯。

結果，他們發現病人母親的墓園已毀損，雜草纏繞著死者骨骸中的頭骨，就是頸椎的地方。墓園乏人整理，又似乎遭災害或外力破壞，才會造成墓園殘破不堪。後來請專人來修補整理。很有趣的是，病人的病情大大改善，惡夢、呼吸困難及夜間喉嚨窒息的異狀，全都好了。

到底是化療的功效，或是因為風水之修整，則不可得知了。

我的想法很單純，能夠讓病情改善總是好事，但顯而易見的，這並非巧合。而且夜間窒息感及背部發冷也非淋巴癌之症狀。病人並無敗血症、肺炎、心臟血管疾病的問題。因此，病人的這些症狀仍屬於靈性困擾；合理的解釋是病人的磁場或生物能（陽氣）變弱，故能與鬼神相通。母親的殘破墓園讓先人在另一個世界不能安寧，故假借夢境來暗示後人去修葺祖墳。諸多奇怪的夜間異狀只是往生者假借的方法，故事情辦妥之後，不藥而癒。

後來隔了一年，淋巴癌嚴重復發，對大多數的化療藥物皆無效，病人還是走了。但至少困擾事件後的這一年間，他的心靈是無牽掛的。

萬物皆有定時

《但以理書》第二章記載，巴比倫王尼布甲尼撒「得夢遺忘迫令術士告之」。因其夢，心裡便煩亂，不能睡覺，故請術士為其解夢，但王已忘了夢中內容，術士因之無法解夢。王認為術士故意遲延，欲殺全巴比倫之哲士，於是但以理，一位神的僕人，在夜間中得神之異象給以顯明。但以理便稱頌天上的上帝，說上帝的名是應該稱頌的，但亙古直到永遠，因為智慧能力都屬於祂。

但以理告訴尼布甲尼撒，王夢見一個大的像，甚高，極光耀，站在王的面前極為可怕，頭是金的，胸是銀的，腹腰是銅的，腿是鐵的，腳是半泥半鐵的。王又觀見有一塊非人手鑿出來的石頭，打在半泥半鐵的腳上，把腳砸碎，於是金、銀、銅、鐵、泥都一同砸得粉碎，被風吹得無處可尋。

但以理讀出王的夢，並將夢兆加以詳解。原來尼布甲尼撒王是金的頭，他的鄰國雖然環伺，但皆為銀、銅、鐵、泥，不及王的強大，也就是說人間的國度權柄以巴比倫王最大，但有一天全都要歸至大無上的上帝。

尼布甲尼撒聽完後，俯伏在地，向但以理下拜，不但不殺哲士，反立但以理為總理，因為他的夢的確如此，所言不差。「你們的上帝，誠然是萬神之神，萬王之王，是顯明又奧妙的事。」後來又發生多次異象與夢境，皆由但以理一一解開。王於是承認上帝之國乃歷世永存。後來，尼布甲尼撒之子伯沙撒王亦有諸多異象求教於但以理，此亦多有記載。王從此謙卑，不敢妄自尊大。

但以理的能力，是恩賜，是聖神的感動，是聖靈的相通。

「現今的事，早先就有了，將來的事早已也有了。且上帝使已過的事重來。」（《傳道書》3:15）

病人預見自己死亡，只是個預兆，在在顯示病情之不穩定。一般治療順利、緩解期的癌症病人很少會發生此異狀。若夢見自己死亡，同時在夜間又能看見隔壁床病人靈魂出竅的情形，多數病人剩下的陽壽已所剩不多，因為唯有陽氣同樣很弱的病人才看得見。俗稱陰陽眼者，雖能看到病人靈魂出竅，但絕少發生夢見自己死亡的事。這些事情也算是天機了。

為何會有異象的發生？

預言家真的存在嗎？

該如何解釋預言存在的合理性？

我在《心靈病房的十八堂課》（字磨坊文化出版）中有提到絕對時間與相對時間的觀念，又提到人生的路是命定的、預設的，所以將來會發生的事，其實有跡可尋。若我們能進入時空隧道中，那麼就可能預知將要發生的事。具有預知未來能力者，我們稱為預言家；能觀過去者，我們稱為通靈者。兩者兼備者為天眼通。古今中外都有非常多的紀錄，就連《舊約聖經》與《楞嚴經》都有詳實解說。

事實上，有人見著異象並不足為奇，凡事只需順著中道而行，靜默恬淡來順處種種變化。若病人夢到自己死亡，家屬也應以平常心處之，凡事盡力就好，其餘的不可強求，一切都是神的旨意，也就是天機了。

有時病人情況不佳，加上夢見自己死亡，家屬於是求神問卜，多數情形下，他們會放棄治療，反而醫師覺得很可惜。很有趣的是，台灣的民間信仰中，三太子哪吒是很靈驗的，有家屬本想求得妙方，但得到的回答是：「沒命的人來求什麼？回去吧！」有些人求到的答案則是相反的，告知他們會逢凶化吉，結果治療後不久卻病死了。有些家屬會綜合自己的理性來判斷，有些只選擇比較吉利的話來聽，就各自表述了。

「萬事皆有定時，勞碌無益。」（《傳道書》第三章）

第八章

容貌改變

容貌改變

所謂相由心生，人心之善惡由面相可知一二。而人之生死存亡之際，由容貌也可知一二。

是故醫界善觀容貌者，或可知病人有無癌症的面容，生死關頭也可略估一二。又所謂氣聚則生、氣散則死之道家說法，尤以癌症末期的病人最可以印證這點。

容貌亦可作為判斷生命跡象的方式

有天帝釋發覺自己的容貌改變了，原有覺性的光彩面容變得黯淡許多，他自覺大事不妙，似乎他快失去原有的尊容，將受死往生了。他趕忙去見佛陀，請佛陀救救他，詢問為何他的五種天人瑞相忽然消失了。五種瑞相，包括身上的光明消失、頭上的寶花枯萎等。

佛陀沒說任何話，但帝釋向佛陀頂禮膜拜時，忽然覺得神識離身，來到一戶製陶人家的母驢中，那時母驢自己解開繩索，四處亂走，踏壞了許多陶器，牠的主人很生氣地打牠一頓，因而打掉了胎氣，此時帝釋的神識又回到身上，且恢復了五種天人瑞相和天帝之身。

佛陀出定後，告訴他：「你能在死亡之前皈依了三寶，罪障已消除，不會再受苦。」（節自佛陀《法句譬喻經》，無常品之一）

亡國之際有亡國之相，賢臣退盡，佞臣充斥。命喪之際亦有絕命之相，黯淡無光，印堂泛黯之貌。然加護病房的病人，或有心肺之衰竭，或肝腎之不全，而命若游絲者，需有還陽之機。

西方醫學莫不以APACHE（Acute Physiology and Chronic Health Evaluation，急

性生理和慢性健康評估系統）分數作為重症病人之生命指標，但我常佐以容貌之變化來判斷。

若APACHE分數不算太差，但絕命之相浮現——面貌改變、神韻鬆垮、法令紋模糊不清，不似以往容貌者，皆屬之——再加上血壓不穩、少尿者，其存活期間往往不到七十二小時。

若重病者突然容貌改變，可以說是走入扭轉生命存活的轉折點，就像有些枯木、枯葉不可復甦，又萎而微青的枝葉仍可以回春一樣。所以，奇怪的症狀，如：夜夢、幻覺、幻聽、容貌改變等靈性困擾接踵而至時，皆清楚描繪生命終了之時的輪廓，而最終彌留之際且容貌變黯者，則大勢晚矣。

但是，癌症末期的病人，容貌一定很難看嗎？其實不然。有些病人反而變得慈眉善目，謙虛和善。

前一章提及的八十歲督察長就是一個好例子。

這位病患本來就修養很好，但他特別喜歡我。有次門診時，他拿我跟某科門診的主治大夫做比較，說我比另外一位醫師更好，視病猶親，笑口常開，風趣幽默。我委婉地謝謝他的抬愛，但是不看僧面看佛面，醫師們都是濟世救人的。他馬上意識到，直說：「善哉，對不住！對不住！」修養非常好。

後來進入癌症末期，他轉來住到我的病房，一開始容貌不佳，我告訴護理長，他的存活期可能不到三個月，因為面色沉黯，眉頭不展。醫學上可以說肝功能不好，且有貧血，但輸血後，容貌也沒改變多少。後來，他很快地放下，美國兒女回來看他後，心情篤定許多，全家贊成不再做積極治療，只接受姑息的安寧治療。

再後來，我發現他不僅睡眠狀況很好，連住院前的肝臟轉移的疼痛也不見了，容光開展了許多，額頭微亮，莊嚴之相一日日浮現。每次查房盡聊家常，不談病情，兒女也是如此。

很明顯地，他發生了容貌上的轉變，也就是臉部、身上隱約比較光亮了，至少心情是恬靜、微帶喜悅的。因為他說日子快走完了，心情是輕鬆的，一切心都空了，像竹節一樣，空心耿介，高風亮節。

聖經、佛典亦有相關記載

在《聖經》中，耶穌也同樣有容貌上的改變：

耶穌帶門徒彼得、約翰、雅各上山去禱告，禱告的時候，他的面貌就改變了……有一朵雲彩來遮蓋他們，也有聲音從雲彩裡出來說，這是我的愛子，你們要聽從他，門徒忽然周圍一看，不再見一人，只見耶穌同他們在那裡。當那些日子，門徒不提所看見的事，一樣也不告訴人。（《路加福音》9：28-36）

基督教裡有許多聖徒也有類似的記載。同樣，佛陀在圓寂前也一樣全身發散黃光。依據佛經的說法，佛陀八十歲時，有天阿難看到佛陀出現不可思議的光輝，比平常更圓滿、更莊嚴，阿難敢問佛陀，為何有此慈顏與光澤？佛陀告訴他，初成道、證得無上正覺的時候，出現過光輝，第二次便是將要進入涅槃的時候。阿難聽完後有些驚訝，隨即黯然難過，不捨佛陀即將辭世。此點佛陀與耶穌是相同的，東西輝映，聖光普照。

我個人的體驗中，則包括親人的過世以及病人的過世，也看過一些人死亡之前的一兩星期變得比較慈祥、和藹、平靜可親。那都是很自然的展現，甚至有的人當時也沒有生病，而是後來發生了意外事件，例如車禍、大腦出血等。

容貌改變，亦是提升靈性的時機

容貌的改變不僅反映生命之跡象，亦顯現人的靈性修為的一面。

孟子曰：「觀其眸子，善惡辨焉」，然醫學上觀其容貌，生死辨焉；宗教家觀其相貌，而聖凡定焉。這些事非三言兩語改變得了的，而是一生一世的功過論斷。但隨時放下自我的傲慢與自私，以感恩的心、惜福的誠意，向世人親友做最後的巡禮，臨終之一念，仍有立地成佛之契機，豈能不慎乎。

許多家屬與病患不願多談將死之事，尤其有些病患，常以諸多症狀來詢問醫師病情。其實死之將至，病人並非沒有感覺，只是仍以否認、逃避的態度處之。

親屬最常問的一句話是：「怎麼會如此？」不管與病魔纏鬥幾年，從不正面去看病情之所在，反而要求醫師高抬貴手，多用一些新藥來妙手回春。此時也容易發生醫療糾紛，若醫師不應用一些同理心來慢慢對應，而以醫學數據或道理及醫療資源來勸告病人，婉拒為其延長壽命，則可能被病家怨恨，而落入「麻木不仁」、「本位主義」、「沒有醫德」之處境。

醫師之難為可見一斑，就連治療過五、六年的良好醫病關係，也可能在最後一個生死關消失殆盡。

以往有人以為醫療糾紛以外科、婦科為多，而血液腫瘤科的癌症病人應該不多，因為大部分的晚期病患都會死亡。曾幾何時，血腫科這些起死回生的醫師也同樣要面臨治不好，則病家可能因情緒而提出告訴的窘境。

以病人為中心的倫理思維，加上全民健保、媒體的陪襯，在醫療資源寬鬆的大環境下，醫師反而成為最沒自主權的人，最後落得持以鄉愿的態度：你喜歡什麼，我就迎合你；既然所有費用全民買單，又何必做烈士，看守健保大門，為醫學命理殉教？並施以西方醫學稱之為「Futile treatment」的徒勞無功之治療。

所以，靈性困擾不只是病患的問題，同時也是家屬的問題。

病患之所以會發生靈性困擾，蓋因這是身為人的自性的最後考驗，倘若不知這是與神或大自然互相感應、溝通的最後機會，藉此將靈性往上提升，那麼人類實與動物無異，再怎麼談解決之道都屬枉然。

人若不知死之將近，在最後的日子把握機會感恩、告別、安排人生的最後一件大事，那麼多數人將含怨而終，因為他們不明白人生的意義何在，人的一生到底是為了什麼、是怎麼一回事。不愛惜心靈的人，不會去在意自己容貌的改變。

誠如耶穌所言：「尋求生命的將要失去生命，為神的道路捨棄生命的人，將獲得永生。」放眼看看在美國領導的西方醫學，大部分新科技都在追求終要失去的生命，但亦有少部分西方學者，開始關心生命末了的靈性關懷，也算是在新科技競賽中所保存的一塊淨土。莊子曰：「殺生者不死，生生者不生」，對生命的看法應該「不將不迎，應而不藏」。

為人子女者，更應利用此契機為長輩做功德、積福德，將人心、人性由軟弱面，轉向正向的宗教與靈性的層面，多與大德、善知識學習接近，才是大慈大孝。身為家屬，實難接受，但愈多的磨難方能彰顯人之大肚與包容，在逆境中，激發順天知命之最高情操。

生命之無可奈何並非全然是負向、悲觀，我們應有宗教信仰之情懷，去接受一切的安排。就像被犧牲獻祭的羔羊，終要回到神的寶座旁，我們怎能不知最後的考驗，也是來自神的旨意？

癌末的重度醫療，屬「無效的醫療」

實際上，病患家屬也會觀察到親人面容的改變。

或許病患已變得神志不清，或呈彌留狀態，或雖叫得醒，但多半時間不理人，躺在床上也很少翻身。此時雖醫師欲向病人家屬解釋病情，但往往家屬不在病床邊，而是由看護婦陪伴。

此時家屬已經回家四處張羅後事，有經驗的長輩，往往會指導家屬該如何處理。雖未與主治醫師溝通，但家屬已全然了解病患所剩日子無多。

但相反地，也有家屬沒有認知到病情已無法回天，反而很焦慮地向醫師詢問病情、有無新藥或其他回天之術，其實此時醫師也很難處理，有時拗不過，又做了一次化學治療，當然最後的結果往往是白血球過低，增加敗血症的機會，甚至多重器官衰竭。最後被送入加護病房者有之。

到了加護病房，不是插管、開呼吸器、鼻胃管、導尿管，就是用上抗生素、升壓劑、利尿劑、一些瓶瓶罐罐，加上監視器，沒有幾個癌末病患會覺得安穩的。

此時，大部分病患陷入重度焦慮及憂鬱，輕則沉默不語，或用手勢比出他會死亡的焦慮。重則拔管、躁動，最後醫師往往會用上精神安定劑Dormicum來靜定。爾後，在昏迷不醒的情況下，病情惡化者多矣。家屬最後還是簽了放棄急救的同意書。

臨終前的最後一段路是很難走的，重度醫療用在癌末的病人，都屬於Futile treatment，無效的醫療。但家屬會因此覺得安慰嗎？他們不肯讓摯愛的親人離去，殊不知無效醫療只是徒增病患的痛苦。在醫學倫理上，亦對無效醫療之西方醫學做嚴峻的檢討。應該平衡臨床效益與存活期間的生活品質，才是明智之舉。

預告死亡的「腫瘤伴隨症候群」

癌末病人不僅容貌上有明顯改變，甚至從四肢之血氣與末梢循環亦可窺見一二。

尤其是老年人，有時老年人無法走路，被家屬或傭人以輪椅推到門診，此時不僅無力行走，寢食困難，雙腳冰冷，或有瘀斑，或水腫，或僵硬。常見的原因是心臟的收縮能力變差，血液循環遠不及末梢管線，甚至偶有動脈狹窄不全、靜脈栓塞、氣脈不順之象。

而肝臟不全、腎臟萎縮、營養不良、糖尿病者，往往四肢水腫，或有指端發紺現象。病患難免焦慮，家屬心疼，其實醫師可以幫忙的地方不多，以營養及護理為主，但重要的是，此現象乃《易經》中「履霜堅冰至」之現象。蓋生命將走到盡頭，應該開始做心理調適了。

人一生走的路不外生、老、病、死，每一階段皆應有調適期的心理準備。許多人其實很盡力去活出精彩的人生，唯獨調適不良，故精神科醫師常常將癌末病人的各種譫妄或奇怪的心理機轉，解讀為Adjustment Disorder，調適不良。

莊子曰：「大塊載我以形，勞我以生，佚我以老，息我以死。」這是大自然的法則。

若已走到老病及癌末之時，形勢如此，只能順勢而為。「勢」是最重要的，勢強舉之，勢弱則守之。需要堅守的是「心」、「神」，而不是「形」及「體」，因為形勢更迭是勉強不得的。

醫學上有個名詞叫Paraneoplastic Syndrome，暫時譯為「腫瘤伴隨症候群」。顧名思義，是許多因伴隨腫瘤之發生及惡化而來的症狀，可能與原來疾病之症狀不同而令人費解。例如腫瘤發燒（Tumor Fever），與腫瘤壞死因子TNF之大量分泌有關。

有時重度病人是腦下垂體功能紊亂，但常常被誤診為細菌感染、高血鈣症，常合併嗜睡、多尿、神志不清、虛弱，例如小細胞肺癌、乳癌、頭頸部癌、多發性骨髓瘤、胃臟癌，容易有此高血鈣的發生。因為腫瘤可以分泌類似副甲狀腺荷爾蒙，使血鈣在短期內上升。又如副腎皮質素在非小細胞癌也會增加。

但最令人難以掌握的，卻是血管栓塞及栓塞性靜脈炎，也就是說，腫瘤，尤其是腺體分泌型腫瘤，可以因組織因子刺激血管內皮細胞而分泌許多化學物質，增加血液黏稠度，或形成易血管栓塞的高凝血體質（Thrombophilia）。

此類病患常合併血栓化合物ＦＤＰ及D-dimer之上升，造成全身散布性凝血症及異常出血，簡稱為ＤＩＣ。一種慢性的ＤＩＣ可以在不知不覺中慢慢發生，長達數月之久，因此有些癌症末期病患手術後，會發生血管栓塞的合併症，導致大腦、肺臟、腎臟之功能不全，以及四肢之栓塞性靜脈炎。

此現象由十八世紀的外科醫師特洛舒（Dr. Trousseau）所提出。他發現，有些癌末病人到後來會發生移轉性的栓塞性靜脈炎，此現象也預告病人將不久於人世。

後來特洛舒醫師自己也發生了下肢靜脈栓塞及移轉性靜脈炎，但當時他沒有別的明顯症狀，他告訴學生，自己將可能發生癌症且不易治好。他的學生不相信好端端的老師何出此言，三個月後，特洛舒醫師果真死於肺癌。後人為了紀念他，特別為此症命名為「特洛舒症候群」（Trousseau Syndrome）。

有些病人或老人能預感自己不久後將離開人世，讓家人驚訝為何他們的親人能預知，尤其是有些原本狀況不算太壞的病人。

其實每個人若很清明地面對生命，多少都有自覺，欲望少的人不排斥生命的結束，故能感覺自己身體的變化；而焦慮或擔心死亡者，多有夜夢，或失眠，或驚恐，故失去了敏銳的覺知及第六感，當然他的家人也不會知道的。

當我們仔細地觀察面臨生命終了的人，會發現他們或多或少有些容貌上的改變，或有光彩、祥和、莊嚴，或黯淡、晦澀、萎黃、浮腫、變面形、驚恐、不安、眉頭深鎖等等。到底我們能為他們做些什麼？若大勢已不可為，我們又豈能改變或改善什麼？難道醫學及科技不能提供幫助嗎？

或許有人說大勢已去，那麼，臨時抱佛腳有用嗎？看不開的人，會有看得開的時候嗎？

終究，我們還是應該談一談靈性困擾的解決方法。

第九章

靈性困擾的解決之道

靈性困擾的解決之道

判斷靈性困擾之前提：排除一切病理可能

要解決病人的靈性困擾，前提是醫者必須能正確地診斷出病人是靈性困擾，而非肉體上器質性的病變，例如代謝性異常及電解質之不平衡。

常見的器質性病變有：低血鈉、高血鈣、高血糖、高阿摩尼亞、肝昏迷、黃疸過高或尿毒症；其次是營養不良、惡病質、發燒、脫水。當然，感染、腦膜炎、腦腫瘤之轉移、骨骼轉移所引發的疼痛，以及缺氧狀態，或藥物（包括麻醉劑、止痛劑）之副作用等等，都應列入鑑別診斷之考量。

很多情形下，病人尚未進入靈性困擾階段，而是有上列常見的癌末併發症。但也有些時候，是肉體器質性的病變與靈性困擾同時出現。

例如有位脊髓轉移的病患正接受類固醇及放射線治療，他突然言語不清，又有幻覺、被害妄想等。臨床醫師可能會先懷疑是不是類固醇造成的假性精神病（Steroid Psychosis），或嗎啡相關的幻覺，但後來排除了前述兩種可能，那麼就只剩下真正的靈性困擾。

在醫學上，有些靠條件來診斷的病，須大膽假設、小心求證，逐步排除一切其他的可能性。若不先排除醫學上可醫治之疾病的可能性，而武斷地推論為靈性困擾，則有落入延誤可醫治疾病、醫治錯誤的爭論之可能。何況許多人完全沒有宗教信仰，只相信科學的不可知論，因而忌諱談論靈性的議題，很容易把對方打入怪力亂神之譏，豈能不慎乎。

所以，醫者對靈性困擾若沒有絕對的信心與把握，似乎也不該輕易嘗試引導病者走出內心及靈性之煎熬。此時應設法轉介到安寧單位、宗教關懷師、精神科醫師或社工師，以免遭受非議。

臨床上如何診斷？

- 醫師的首要之務，乃先**排除一切醫源性的可能病因**。
- 其次，**分析是否為焦慮或心理調適不良、藥物副作用、感染、轉移性病灶**。其中大腦轉移是最不常見的原因，只是醫師往往無法分清楚，故多施以ＭＲＩ核磁共振、電腦斷層的頭部掃描，大多數的結果通常是正常的。
- 最後要考慮的，便是**病人的靈性困擾**。而欲幫病人解決陰陽之患，必須有實際臨床經驗，不是依樣畫葫蘆，必須用心體察，以慈悲心、感應力，利用宗教的力量加持，方能功德圓滿。誠如《藥師琉璃光如來本願功德經》所附之解冤偈：「解結解結解冤結，解了多生冤和業，洗心滌慮發虔誠。今對佛前求解結。」若不發無上心，又未皈依法，那麼欲盡全功尚屬不易，人的俗事已不易調和，何況乎鬼神之爭。

若病者、家屬向來都有宗教信仰，則不妨在他們本來就有的宗教背景上加以疏通，讓病者家屬自己盡力，也不失為折衷兩全的辦法。加上有些教會醫院有其特殊的宗教背景，故不適合以非主流宗教信仰的方法在公共場合來討論，以免違背院規，徒增困擾與衝突。

目前有許多醫院相當重視病者之宗教信仰，因此特別在醫院內設置祈禱室，有的很寬敞，並掛有宗教的象徵，如十字架、聖經祈禱全文、詩篇，或設置佛堂，擺設經書，一應俱全。有的則有小小的祈禱室，希望家屬入內靜靜禱告，與自我之理性溝通。有的醫院甚至設有院公、院母的神像，讓台灣民間信仰者可以入院做簡易法事，例如向地基主燒香致意，祈求入、出院一切順利。

宗教上本來就有所謂信者恆信，不信者恆不信，是故對信者而言，能夠在醫院內進行簡易宗教儀式，無論對家屬或病者而言，都是很貼心的服務。

如何協助病者面對靈性困擾？

靈性困擾的情況在病房天天發生，司空見慣，但以訛傳訛下，到底真實性有多少？

對此，主其事者，也就是關心病人病況的主治醫師才會有比較深的體驗。

國外的文獻多半認為病人的呻吟、焦躁不安、忽然抬起頭、轉身、肌肉激烈扭轉、痙攣、抽搐等，可能與未解決的精神上或社會人際上的問題有關，亟需心理輔導與疏通，在會談中盡可能卸下病人心理的負擔。若是協談不見效者，以鎮定劑佐之。

他們也發現，許多病人對非特異性的、非藥物的嘗試有不錯的反應，例如調整光線的明暗、減少房間的嘈雜聲、播放病人喜愛的音樂、輕輕撫摸病人的身體、與家人一齊禱告、對病人輕聲細語等。這種介入初步對病人的心理不安或肉體痛苦有效，甚至膀胱水腫的解除、腹水的抽吸、痰液的分泌物消除等，也都可以讓病人舒服很多。

但真正靈性困擾的層面遠高於此。

深受靈性困擾所苦的病人見得到另外一個世界，而且非常可怕及真實，甚至能預見地獄的恐怖景象，一般的心理輔導很難進入此層面去解除病人的恐懼與害怕。有時他們也不是害怕，而是迷惑，畢竟多數病人也知道自己不久於人世，只是不願意承認與接受，而那些靈性困擾及異象，則是更加地讓他們不知何去何從，也難怪民間會有「遊魂野鬼」之傳聞及說法。事實上我們在醫院裡也親耳從病人及看護婦口中證實，在法事做完、遊魂被超渡後，會回來告知或答謝。

靈性困擾所指的，是這些聽似怪誕的病人苦難經歷。但無論怎麼做，病人總會死亡，事情總會過去，類似的事一再發生，也不是稀奇的事。所以有些醫者選擇完全不加理會。

偶爾病者會提出一些改善方案之要求，換房間是很常被提出的方案，但多半沒效。若病人情形不算太壞，則有些病人會接受朋友建議：改個大吉大利的名字——百分之百沒有效。那麼，換醫師、轉院治治看？絕大多數也沒效。癌末發生靈性困擾者，其剩下來的生命存活期通常不會太長，有些病況很糟，轉到他院，同樣束手無策，甚至他院不會接受。

上述這些做法都是在逃避，完全沒有面對中陰身降臨的問題。也就是說，病者已進入死亡的啟動模式中，在不久的將來就很可能會死亡，所以半夜的磁場感應力特別強，包含現在的遊魂的干擾、過去自性的靈性缺陷、冤親債主之重逢，都因之浮現，有待解決。

有些人累世有修行，現世有清閒的命，生死關好走得很，病痛也不多，但有些人則問題多多。其實我們的經驗中，處理好的個案，後來多半不會再有如此嚴重的事件重演，說不定就不會再來了。

那麼，我們該如何面對靈性困擾的問題才好？首先，應讓病者覺知這是他本人的問題，必須自己努力做功課：

- **不逃避**。面對它，不要害怕，因為一旦破解後心魔將即散去。
- **邪不勝正，所以心中需有善心、善念**。
- **既是累世父母來相求，則自己多念《心經》迴向**，讓已往生之冤親債主能從此脫離遊魂，早入六道輪迴，不墮惡趣。
- **若為基督徒則聖靈充滿，稱頌神的大能，與神同在**，勢必不害怕；一起共生天國，共享永生。

為何念經迴向能解決靈性困擾？

靈性困擾的產生，源自未解決的心靈問題。其中良知、自性的掙扎，在佛教

的教義來看，人往生後有六道輪迴，端看此生的作為與累世之果報，以及十二因緣的相生相應，是逃避不了的。

而我的看法是，有些人本性比較敏感，能覺知果報現前，但無法處理，所以有些困擾的表象，其實是一場惡鬥或向外求援的訊息。因屬阿賴耶識的問題，他本身的意識無法覺知。這些求援訊息亦可能來自外來干擾的能量，因為有關的冤親債主已墮惡趣、不得出離，而借此中陰之身發出狂吼。其旨意不外乎是「快來救我」。

雖然病人外表看起來是困擾、譫妄、夜夢、驚恐，但內在實際是尋求援助。有些病人驚醒過來之後，經旁人點出他們夜裡掙扎之異象，自己潛意識也知，此事非同小可，很害怕，於是會要求牧師、神父過來趕鬼、驅魔。

當然，在西方社會中亦有合格的神父具有趕鬼的能力，在《聖經》的故事中，耶穌多次趕鬼治病，祂的大門徒彼得、保羅也曾有此能力，其餘後來以耶穌之聖名來驅魔者，有很多失敗的例子。這在Discovery頻道的《鬼影森森》中多有介紹。

然而，在東方的國度中，無緣大慈、同體大悲的佛教儀式，做法會、誦經迴向以超渡亡魂、引導輪迴、接引西方的方式，其效果非常大。臨床上我們見到的個案，在宗教儀式做完後，病人會很快地安靜下來，事後病人還會感激我們所為他做的努力。

凡夫妄想見種種異幻，皆因過去習氣而起相應之心，平常未親近善知識，執著我相，若犯諸無間業，不敬父母，毀壞三寶。生從習順，死從流變。依《楞嚴經》（卷八）說法，人臨命終時，在還沒有完全捨去對暖的觸受時，一生積習的善和惡全部頓時顯現。死逆生順，這兩種積習相互交涉，純粹的思想飛升，如果飛馳的心中兼有福慧，並伴隨清淨的願望，自然地心便會洞開，現出十方世界的佛和一切淨土，隨其願望而往生其間。

反之，情多想少，毀謗大乘、破壞戒律、狂妄說法、逆行倒施者，將隨惡業往十方阿鼻地獄，這些都是業報。所謂地獄的十因六果。

那麼，病者在臨命終時若有困擾，而醫者能隨緣開示，離相，遠離知見，不再有計度之心，也算學習了菩提知性，而能不受外魔牽引，墮入無間地獄。

然而弔詭的是，現在社會中充斥許多非正信的宗教人士，傳授不正確的宗教觀念，成見太多，貢高我慢，以狂大妄語迷惑眾生，反而造作更深的孽障。這些佛祖於兩千五百年前就已經為我們下了預言，這種形勢已成風氣，人類的靈性困擾只會變多，不會變少，也是無可奈何的事。

念經迴向的益處

其實念經迴向的助益很多，可以讓病者的自性變得清明，使得往生進入中陰身階段時，有更多的心理準備及預習功課，在中陰身時表現更好。

佛教的說法中，中陰身維持七乘七等於四十九天，稱為受死中陰；四十九天過後即輪迴受生，重新Reset磁場，但第七識「末那識」及第八識「阿賴耶識」則維持不變。也可以說中陰身是教育及審判中心，審視一個人一生中的所作所為，所有重要的大小事都記錄著。

人所走過的路、所做過的事，在「神」的大能而言，沒有不知道的。所以若能在病者臨命終前告誡，苦海無涯，回頭是岸，讓其識精元明，不再沉墜，則死後業報必減其刑。陽間有減刑認罪制度，在陰間也是如此。

同時，念經迴向亦可讓在惡趣不得脫離的冤親可以受惠，再度聆聽受教，一次次地感應懸絕，終有徹悟之日，身心開悟，步入正道。

有效的助念迴向，不僅可以斷絕病者之譫妄、幻覺、幻聽及惡夢，就連容光、面相都會改善，甚至有人變得能夢見菩薩現前，從憂傷痛苦的表情，轉變為平和安靜之相。這種種顯示病者六根清淨，心魔不再作怪；冤親債主已經諦聽，歡喜接受，並放下一切無明煩惱及執著。

念經迴向的常見疑問

Q：什麼經文最常用於佛教的助念法事？

A：一般說來，簡單、虔誠、莊嚴即好。

Q：平時也燒香、拜佛，但都沒有什麼助益，照樣年紀輕輕就罹患絕症，且臨終時所剩時間不多，病人又極其疲憊憔悴，念經真的會有助益嗎？又該念什麼經書呢？

A：這問題，請和尚、法師來解說當然最為妥當，我個人則以為，若善男子、善女子在平常就能誠心禮佛，六根清淨，不犯戒律，惡小不作，利益眾生，那麼諸人在臨命終時當然不會發生靈性困擾。縱有冤親債主，也在平常時候迴向得差不多了，甚至反過來會幫他一把。

所謂「積善之家，必有餘慶」，若平時雖有禮佛，但不通佛理精髓，仍有愚見，痴見，或得，或貪，多欲少足，貢高我慢，那麼臨命終時仍有困擾不斷。所以此時更應加強正信宗教的靈性導引，方能將其蒙塵之善根安住妥當，加強護法，使不退轉。每個人都有善根，所差的只是信念不足，定力不夠。

Q：佛經這麼難懂，平時病者也從未禮佛，此時念經迴向會有功效嗎？

A：當然人有上智下愚，但佛法雖深，亦可深入淺出。《六祖壇經》云：「欲學無上菩提，不可輕於初學。下下人有上上智，上上人有沒意智。」其實上智者若不行正道，其薰染的習氣愈重，罪惡益深，更有無明、所知障及我慢的問題，豈容易輔導？下愚者，反而沒有上述習氣，只要有心就可以拋開妄見與邪念。例如台灣許多原住民，即因他們的純樸變成很虔誠的基督徒，就連教會中之長老執事莫不為其感動。

再者，今世為下愚者，其累世中並非都是下愚，也可能曾經是和尚、法師、大儒，只因犯過蒙塵，此生轉為下愚，其阿賴耶識尚有許多高根器之種子。故無論上智下愚，人人平等，以諸願力、念力之深淺，成就各有不同，臨終一念的效果仍有等同之契機。六祖慧能雖目不識丁，但其慧性、根器之高，無人能及。短短半個鐘頭的臨終助念，可以天天進行、早晚進行，以加強其念力、願力，共生佛道。

Q：為何念經持咒可以安住身心靈，並克服靈性的困擾與諸多妄念呢？

A：凡人如嬰孩，病痛時、飢餓時，一定會找父母，而沒有父母不疼惜自己的小孩。同樣地，人皆來自於神，人的心中亦有神性的善種子，所以眾生在苦難時也必求助於神。神愛世人，就像父母愛子女一樣。念經持咒，或是禱告，就是向天上的父母，神，來求助。求神寬恕、憐憫、慈

悲，進而救苦救難，拔眾生之苦。

佛教的助念法事

- 首先，以〈爐香讚〉來恭請南無香雲蓋菩薩摩訶薩。
- 接著，以〈淨口業真言〉之咒語來打開感應之磁場。
- 再誦〈觀音靈感真言〉，以精誠所至，必生種種感應。
- 恭誦〈大悲咒〉，求諸世成佛的佛號以護法感應。
- 持誦〈往生淨土神咒〉，有阿彌陀佛在其頭頂以護行人，臨終往生極樂，方便冤親債主得以順利脫離惡趣，得以往生。
- 持誦《般若波羅蜜多心經》，讓臨終者離相不著色相、人相、我相，照見五蘊皆空，放下執著，徹悟諸法空相，借此斷無明煩惱，遠離顛倒夢想，故不生恐怖，無罣無礙，得清明法眼。
- 持誦《地藏菩薩本願經》，明示不守戒律、常輕三寶者，魂神將墮在無間地獄，廣說地獄之苦，以警示後人，快快回頭是岸。

- 持誦《佛說阿彌陀經》，以示眾人極樂國土，無有眾苦，但受眾樂，有七寶池，八功德水，金銀琉璃諸寶行樹，盡是樂土。為西方極樂世界之導覽。
- 持誦《藥師琉璃光如來本願功德經》，皈命滿月，法藥救人，慈悲弘誓，願渡眾生。本行菩薩道，發十二大願，令諸有情，所求皆得；病者消除，所求願滿。
- 持誦《金剛經》，是佛經般若部流傳最廣，最易開悟的經。

以正確觀念看待宗教儀式與其他信仰

有人念經、持咒後不信神佛，因為他們求神佛使他們的親人能康復、不能死去，若不果則不信。此乃大大的錯誤。

人之將死，無法回頭，是命，不是念念經、求一求就可以改變的。倘若如此，醫生也不用了，醫院少蓋些，寺廟多蓋些，每個人都活到一百二十歲。臨命終了，即應隨緣、隨業受死，但求消業往生，而少帶業流轉，這點在臨終前多做功課或有果效。

多少眾生不願受死而變成往生不成之遊魂，或偶爾擾亂病重的病人，反而罪加一等。路遙知馬力，日久見人心，學佛的路也一樣，必須努力、精進、忍辱、持戒，若能把所知、所得、所欲一律拋開，去掉五蘊六識，不僅拋掉肉身，更遠離相，進入不著相的無我境界，方能一塵不染，成就正知、正見、正精進。我們的所作所為都反映在磁場及能量上面，神佛也很容易就感應到，而這在旁人是不可知、不可測、也不可說的。

有時候我們會軟弱，信心會退縮，因為平時很少有宗教信仰的接觸，若累世也少接觸，那麼就容易發生信心危機，尤其是學科學或科技的病者，他們很難想像這些科學無法解釋的神祕力量。家庭的重要成員中若有持相反意見者，也易使病者信心退轉。

近年來台灣許多家庭的政治立場不同，每逢選舉就撕裂族群，同樣的事情也發生在醫院裡：夫妻間宗教觀不同，或父母與子女宗教信仰不同，甚至兄弟姊妹彼此間也不同。病情的惡化，有時會被歸因於宗教問題、醫院問題，甚至醫師的問題，往往這時家屬會勸病者改信他自己的宗教。

我曾經診治一位同時罹患急性白血病及子宮頸癌的病患，她本身信佛教，姊姊信基督教，其他家庭成員是民間信仰。白血病緩解後，接著接受子宮頸癌的手術，不久後白血病又復發。姊姊歸罪於信佛教不好，沒前途，應改信基督教白血病才有可能治好。病人不聽勸告，不願改變宗教信仰，於是激進的姊姊轉而求助牧師。牧師也勸進不成，最後姊姊與牧師聯手把主治醫師告進北部大會裡，控訴醫院任憑病人與醫師相信佛教，並以佛法治病。醫師因而在政治立場上不得不接受記過處分，實在蒙受天大的冤屈。在台灣，最好不要隨便談政治與宗教，但是臨終異象及靈性困擾的解決不借助宗教，實難克盡其功。由此可知，無法接受宗教，或宗教立場很鮮明又強烈的，大有人在。

另有位中年婦人，篤信基督教，在病危之際，夜裡突然幻化為兩種人格，互相叫囂，她自己全然不知，卻嚇壞了看護婦，就連大夜班的護理師也被嚇哭。這是鬼魂附身（Spiritual Possession）的極端特例。兩三天後，她要求牧師來協助她解決夜間的困擾，因為她全然不知，也無法控制，就像夢遊症一樣。但醫院裡沒有牧師具此能力，她教會的牧師及弟兄也愛莫能助，她十分驚恐、害怕，又哭又鬧，看護婦也要求辭去工作。後來在醫師與護理長的強力慰留下，囑咐她半夜以看護婦自己的佛教儀式，加上一位醫師幫她助念數次，最後終於度過危機。後來也平順多了，沒有靈魂附身之象。她恢復原來的開朗態度，開始吟唱詩歌，朗讀詩篇、箴言：「耶和華是我的牧者，我必不至缺乏……我雖走過死蔭的幽谷，也不怕遭害，因為你與我同在。你的杖，你的竿都安慰我……我且要住在耶和華的聖殿中，直到永遠。」（《詩篇》23:1-6）

後來親友問她，如何解決靈性困擾之事，她笑答，醫師跟護理長用了神祕方法醫治了她。

●

其實萬法歸宗，宗教都勸人為善，至高無上的造物者，Mother Nature只有一位。無論是一神論、泛神論或多神論，只是看從什麼角色切入，又看是哪個面向的討論。不可說，不用辯。

有些人以狹隘的小乘宗教觀來否定利益眾生的舉止，是不可取，令人不能苟同的。佛教對中國而言是外來的宗教，大乘佛教在印度已消聲匿跡了，然而在東方的中國，從東漢時期傳入的佛教，早與老莊的道家思想及儒學融為一體，所謂釋、道、儒，融成中國人固有的宗教與哲學、宇宙觀。這樣不是很好嗎？為人處事都應盡量避免種族及地域觀念，若有輪迴存在，輪迴來輪迴去，男男女女，套句台灣人的俗語，彼此「相拄會到」，將來仍然會碰湊在一塊兒，應彼此疼惜，以取代刻板觀念之對立。

在工業社會裡，人與人之間愈來愈冷漠，在節骨眼上更應有無緣大慈、同體大悲的氣度與胸襟，將人性的格局做大一點。也就是台灣人常說的，冤親平等，彼此相疼惜。

基督徒如何面對靈性困擾？

・鬼附身與精神疾病

有位教育界的蔡長老，提供我一本二〇〇六年八月十日出版的《新使者》月

刊，那是彰化基督教醫院出版的雜誌，主題是鬼附與精神疾病的探討。其中有一篇黃以文主任牧師的文章（他本人也是位精神科醫師），認為精神病人之中，有一些與鬼附有密切關聯，有些則純粹是精神病。

在歐洲中古黑暗時期，精神病被認為是魔鬼附身所致，所以精神病人被用各種殘酷的方法對待。有的進行驅魔、趕鬼，有的用鐵鍊綑綁，或長期被關在療養所中。近代醫學努力擺脫黑暗時代的包袱，希望以理性或較科學的方法來解釋所有的科學現象，以「身體－心理－社會」的模式來解釋精神疾病，對於靈魂層次及超自然現象則避而不談，或是否認它的存在。

既然主流精神醫學否認了所謂的鬼附現象，那麼所有的靈性困擾及超自然現象，只是精神疾病的一種。因為無法以精神醫學臨床診斷方法來確認或否認，所以治療方式與沒有鬼附是相同的。

其實有些病人家屬也很不以為然，因為他們的親人本來很正常，卻突然舉止怪異，而後又自動回復正常；他們比較相信俗稱的「卡到陰」而私下尋求宗教的幫忙與解決。當然，有些基督徒也相信鬼附的現象，畢竟《聖經》裡清楚提到了耶穌及保羅趕鬼的事。

台灣基督教長老教會總會研發中心的研究員張懋禎指出，基督徒要面對鬼，最重要的是「宣教」，將人的靈性帶回上帝的國度，用聖靈的充滿，來對抗屬靈的征戰。其中「普世派」的教會以宣講真理、堅定信仰作為減少魔鬼對肉體影響的方法；有些「靈恩派」的教會則強調以福音戰勝撒旦的挑戰。「福音派」也是類似的，有些則不主張擁抱靈界存在的事實。

・「穿戴上帝所賜的全副軍裝」

最重要的是宣教，心誠則靈，因信稱義；那麼有信仰的屬靈的人都有權柄，奉主耶穌之名來驅趕所有不屬於上帝國度之靈體。只要我們相信上帝的救贖，以「上帝所賜的全部裝備」（《以弗所書》第六章）必定戰勝。

基督徒的禱告就像念咒語一樣，只要信仰堅定，則一切困擾不攻自破，肉體不再軟弱。靠上帝的力量來趕鬼就是因信稱義，不能靠鬼王別西卜來趕鬼，以認識大鬼來趕小鬼是不對的。

「靠著上帝的能力趕鬼，這就是上帝的國臨到你們了。」

「壯士披掛整齊，看守自己的住宅，他所有的都平安無事。」

「其實我趕鬼是靠上帝的能力，這就證明上帝已經在你們當中掌權了。」（《路加福音》11:17–20）

「有堅定正信的信仰，心靈自然充滿沛然正氣，雖遇到軟弱的磁場週期，也會逢凶化吉，必不遭受迫害。天父豈不將聖靈給求他的人嗎？」（《路加福音》11:13）

親人應陪伴病人面對死亡

病者或已病入膏肓，但有些人仍有迴光返照的最後機會。這時除了道別、感謝親人，說聲對不起，原諒以及尋求被原諒以外，家屬不宜哭哭啼啼。至少在病者（或將亡者）之病榻上，不應有過多負面的情緒。雖然我們鼓勵可以自由宣洩情感，但能轉換一下更好，免得病者已收好憂傷、悲慟不安的心，又重新生起不捨與煩惱。

相反地，家屬親人應借此機會陪伴病人，以助念禱告的氣氛來取代寒暄。可以的話，沒事的家屬可以在病房外安靜輕聲說話，病房內則進行默禱或輕聲助念。此時以安寧病房、單人病床，或家中的房間最合適，也不會干擾到病房中其他的病友。

我的岳母罹患肝癌及冠狀動脈疾病，在動脈栓塞後，肝癌病情時好時壞。那年，一個十二月的星期天早上，她突然感到胸部不適，可能是心臟病復發，但因為肝臟的病情也好不到哪裡去，每天藉服用嗎啡度日，所以家族裡出現了兩派意見：送醫院治療，或不送醫院、在家療護。因為口服的藥都足夠，止痛方面沒有問題，而且高齡七十九，到了醫院一定被送入加護病房，放導管或插管大概是免不了的。所以當下以多數決，留在家中療養。

當時據我的判斷，是急性心肌梗塞發作，與其死於肝癌，不如順心肌梗塞之勢來走完人生的路，因為後者痛苦比較少，過程比較短。所以，我們做了另類選擇，不送病人到醫院，而是在家組織助念團體。

此時岳母大人神志清明，但血壓逐漸下降（心因性休克），她很高興能留在

家裡結束生命，也配合大家一起誦經，大家輪流誦經，接續不斷。隔日，她往生了，在不知不覺中。面容十分祥和寧靜，彷佛是念經念累了，在睡覺一樣。

家族中沒有人對此事反對過，生前是全家人一起陪她助念，往生後，慈濟的志工也有多人過去助念。岳母大人她一路好走。

三天後，孫子輩有人在家中客廳天花板上看到她的影像，就像羅浮宮天花板上的畫作一樣，像掛著，又像飄浮著，帶著微笑。

這是一個典範，以眾人的力量支持往生者軟弱的心，使她走得更堅決、更果斷，對佛、對往生西方極樂世界的念力與願力更強。其實她平時就已注意老死的問題，參加當地淨土宗的助念團已有多年經驗，如今有家人加上原來的班底，再加上慈濟人的加持，她的生死大關過得很順利，我們也都非常敬佩、感恩。

病人的人生態度是關鍵

「我轉念觀看智慧、狂妄和愚昧，在王以後而來的人，還能做什麼呢？

也不過行早先所行的就是了。智慧總屬虛空。」（《傳道書》2：12）

若不借用宗教力量，有什麼方法可以幫助臨終病人平靜度過生死大關呢？一般說來，最好的方法是親人的陪伴，保證會愛他／她，會妥善處理身後的一切事物，家人會好好活下去，好好過日子，小孩也會用功讀書，完成他／她的遺願。

若完成這些保證及陪伴，仍有激動的靈性困擾，該如何是好？

此時可以會診精神科、社工師、關懷師加以輔導，紓解不安及焦躁。嚴重的情形下，可加以安眠藥、精神病的神經攫取性（Neuroleptics）藥物以及抗憂鬱劑。若原本已使用或正在使用上述藥物者，則可以加強劑量。但如此下去，往往病人長眠不醒，血壓下降，直到與世長辭。

這種模式常見於加護病房，或使用呼吸器的病人，與沒有宗教信仰的人。因為沒有別的路好走，所以多半借用藥物。

一般心理輔導的效果其實非常有限，病人也不見得願意在此時此刻與陌生的協談人員談生死的焦慮，畢竟他又要重述一生的故事，但他們已經累了，非常地累。所以，他們幾乎是閉著眼睛不理人，精神科醫師也只能從病歷了解一些潛在

全身性的疾病，對幻聽、幻覺的內容毫無所悉，制式地在會診單輕描淡寫。若能在醫院制度的體系下，完成人道上的關懷，也算是盡人事吧。

總而言之，病者本人的人生態度，是決定安身立命的最重要因素。並非每位臨終病人都會發生靈性的困擾。

第十章

人間的煎熬

人間的煎熬

若說癌症末期或重症的病人才會有靈性的困擾，其實也未必如此。在每天門診的病人中，就不難發現一般的病人也有靈性的困擾，或習以為常，或身心煎熬，痛苦不堪。

有些人得了些莫名其妙的怪病，到處求醫，不是被當作身心症，就是恐慌症、焦慮症、慢性神經痛、慮病症、慢性耗弱症。這些病人的身體理學檢查幾乎都是正常的，血液、生化、X光、影像學檢查、腦波、電腦斷層……都找不到毛病。其疾病表現的逼真度，直讓有經驗的主治醫師誤判，實在很酷似特定的疾病，但就是找不出病因、證據。

最重要的是，即便下了藥，病情也不會改善。

難以覺知的靈性困擾

這類「怪病」（或症狀），有一些特點：

- **缺乏邏輯性**：在特定時間出現，沒有前兆，沒有激發之前因；與典型疾病之表現不同，無相關合併之症狀，例如頭暈、胸悶、呼吸困難或有哮喘、痰液，或因勞動喘息、季節氣候變化而有血氧分析變化、胸腔X光異常等。有精神上困擾的病人，其症狀缺乏這些相關性。
- **少數人或稱醫師開的藥有效，然反覆其詞**：困擾發生時，有的人會很密集地看醫師，或偶爾才看一次診，但很少病得很厲害。當然，也有要求住院檢查的。到後來，因得不到結果，也不信賴醫師，遊走於各大、小醫院，一遍再一遍地敘述他肉體的不舒服，但從來不承認有精神上的困擾。或許他們多半時候也沒有覺知到自己有靈性的困擾。

近二十多年來，出現一個新的精神科名詞叫做「恐慌症」。許許多多這一類的病人被打入恐慌症的診斷中，接受團體治療，從病友中學習如何克服情緒上的障礙，或有一些功效。有些病人需服用藥物，但有些服用藥物亦無法斷除諸多症狀。蓋恐慌症底下的成因各有不同，每個人的心理機轉也不同。

有些病人在一般的社會互動層面上沒什麼問題，但肉體的慢性症狀影響了精神耗弱，彼此間又互為因果，如此惡性循環，隨著時間的演化，變得不易診斷。除非有很有經驗的臨床醫師在長時間的會談中抽絲剝繭，加上病人的自我覺醒與毅力，方能轉變，享受平靜的生活。但往往在投射、轉移等機轉下，過分強調自己心理健康的人，不會接受精神科醫師的診治，反而控訴其他臨床醫師之專業及態度，難以走出來。

案例討論一

有位二十九歲的年輕人，罹患長期的頭痛及憂鬱症。八、九年前他是我的病人，接受惡性淋巴癌的化學治療，當時只是二十出頭的大學生，當然如晴天霹靂，很難接受這個事實。幸好他的病尚屬早期，經過六次化療後得到緩解，但是女朋友離開他了。病痛加上心痛，我們可以理解他鬱卒的心情，每次回診似乎總是寫在臉上。

發病初期，母親、姨母等常常陪他過來看病，詢問病情，隨著一年一年過去，每回追蹤檢查都很正常，所以後來都是一個人過來看診。有一次，他主訴心情很低落，常常胸悶、頭痛、失眠。

我評估後告訴他，這與惡性淋巴癌無關，那麼多年了，應該把這個病忘了，畢業後應走入社會才好。我問他上班了沒，他支支吾吾地說還沒有找著。他問我要如何做，心理才會踏實，他總覺得心空空的。

我告訴他，能重新拾回健康也是有福氣的，有些人就過不了關，所以應該好好地回饋社會，做些有意義的事以利益眾生。他突然紅了眼眶，要我抱抱他，我給他一個安慰的擁抱，沒想到一個大男生也會需要心靈的關懷。

我認為他有點低潮，於是建議他去看看精神科醫師，疏導一下心情壓力。

當時我以為他得了淋巴癌之後，愛情與事業都不如意。他仍然定期回來看我，就是談五分鐘的話，也會讓他覺得舒坦許多。我看看病歷，精神科開了些抗焦慮及失眠的藥給他，從眼神及表情看過去，他仍然不快樂，但帶著憂鬱的笑容。我擔心他一直走不出癌症的陰霾而一事無成，於是問他，有沒有每天做一件讓自己覺得舒服且踏實的事？

這次，他的回答讓我非常驚訝。

他誠實地告訴我，他在一家討債公司上班，而且幾年來都是全公司的討債冠軍，業績是最好的，收入也是。我雖然傻了眼，但隨即告訴他，這就對了，可以理解為何他的內心如此憂鬱。因為他天天都在天人交戰，一面想拚業績，一面又懷疑自己的人性。畢竟有些債務人是很值得同情或處境不好的。

他知道他有時是催過了頭，但人在江湖，身不由己，何況入了行，也不想退，利潤豐厚的獎金唾手可得。只是每到夜裡，他又得與良心對話，似乎內心仍有一股聲音在迴響：這麼為錢拚命，值得嗎？

這面良心的鏡子，讓他難以面對自己。

我舉了一個《聖經》裡羅馬稅吏的故事：在耶穌的時代，很多人很討厭稅吏，因為他們嚴厲搜刮人們可以抵稅的家當，連貧苦的人也不例外，為了收足稅

賦，毫不留情。有一天耶穌進入耶利哥城，有個人名叫撒該，任稅利長，是個財主。他長得矮又很想看耶穌的聖容，就爬到桑樹上，因為耶穌必從那裡經過。

耶穌到了那裡，抬頭一看對他說，撒該快下來，今天我必住你家裡。撒該急忙下來，歡歡喜喜地接待耶穌。眾人看見就私下議論說，他竟然到罪人家裡去住宿。撒該站著對主說：「主啊！我要把所有一半給窮人。（稅吏通常是吝嗇鬼，見到耶穌看得起他，馬上把人性的善的一面，因感動而彰顯出來。）我若訛了誰，就還他四倍。」耶穌說，今天救恩到了這家，因為他也是亞伯拉罕的子孫。人子來，為了要尋找拯救失喪的人。

我們這位討債公司的年輕經理，聽了這段《路加福音》十九章的故事後，滿臉通紅，淚珠在眼眶打轉。我想聖靈會拯救他，既然他的淋巴癌已治癒，這種心病，我把它交給神來醫治。

這個年輕人學經濟的，卻成了討債公司的經理，不能研究一下比較人性化的管理辦法嗎？以窮苦人的血汗錢換來的績效獎金令他寢食難安，全都是良心的作用，讓他在身心煎熬下不得出離，尤其到了夜晚，頭痛、惡夢一直長期地困擾著他。

後來他仍常常回來看我，現在則是帶全家妻兒來，因為他說只要到我的門診談談話，他的心就踏實多了。這不是來自神的信心，又會是什麼呢？每個人都有一顆聖潔的心。

其實門診很多年輕人有長期的頭痛又看不好，若能排除腦血管的發展異常，很多人是因生活壓力所引起的。這些壓力，有些是來自心靈的困擾，所謂心裡有鬼。有些長期為慢性頭痛，或有胸痛困擾又原因不明的人，在焦慮、恐慌的背後，是否也有一段不為人知的祕密？

案例討論二

我們的潛意識看似深邃、難察覺，但在明眼人裡是再清楚不過了。當然，或許有些人的人格是多重的，他自己做的事，自己也不清楚。神、人不調和的時候，身體的病痛也隨之而來，其中大多數會到門診來看病的人，就是遇到自己不能解決的困擾，症狀多數是：頭痛、背冷、胸悶、呼吸困難、有窒息感、無名的壓迫感，以及脖子緊縮、痙攣、不能言語。

失眠以及奇怪的夢境往往可以帶來線索，最常見的是：夢到死人或過世的親人，或夢到墓園、墳墓之類的。病人一般不會或不敢描述這些症狀，因為有些夢是相當恐怖的。有些學生租屋求學，租到凶宅，一學期下來突然學業不佳，臉色不對，到處求診。經指點後，才驚覺樓下的房東擺了不少神像，又燒香拜佛。但雖知如此，有些學生仍溺於夢境無法自拔，而有些事情，他們也不願分享。

●

一位三、四十歲的婦女，因紅斑性狼瘡合併自體溶血性貧血，長期在門診追蹤，她患有長期的失眠以及突然來去的胸痛。她看過心臟科，醫師說有二尖瓣脫垂；看過胸腔科，說是支氣管比較過敏，肺功能有影響，但醫師們所用的藥方對她的症狀一點效都沒有。

她問我，是否溶血性貧血或紅斑性狼瘡會有如此現象？

我沒有回答她是或不是，不置可否是醫師保持審慎態度的常用回應方法。但覆閱所有的病歷資料，都無法解釋她的胸痛，心肺功能的檢查她也幾乎都做遍了。我告訴她，症狀出現那麼多年，似乎健康情形也不受影響，就繼續觀察，少去理會它，大概也跟血液的疾病沒有什麼關係。

有天，她在下一號候診，無意中聽見我與前一位病人的談話，談一些心靈困擾的事。她笑著跟我說，她以為當醫師的都不相信鬼神之說，沒想到也會有醫師相信病痛是陰陽不和所造成的。

我開始注意觀察她的臉色，果然與常人不同：非常黯，臉色發紫又帶鐵青，但眸子是明亮的，嘴唇不化妝之下像是塗上紫色的唇油。我問她：「你也有相同的困擾嗎？」

她笑著告訴我，自從十幾年前的一場病之後，她一閉起眼睛就可以看到棺材，有時甚至三、四十口棺材，應該是整個家族的，似乎還有一些冥界的活動。

我問她會不會害怕，她說剛開始會，但這幾年來已經習以為常，所以每逢初一、十五，她都會拜拜。

我又問她，那些影像有沒有威脅你什麼？

她認為什麼都沒有，只是要她看得著，彷彿這位女士已經跟夢中的情境融合了，所以也沒有害怕，也不想逃避，或借外力來驅趕。

我嘗試幫她解讀此景象：她的失眠與來去飄渺的胸痛，其實來自這三、四十口棺材的念力，所以每當她抄寫《心經》、念誦《大悲咒》時，情況會改善，也因此後來我提醒她，如此去化解其幽冥之困擾。

三、四十口棺材代表的是累世冤親債主，只是該女士一場大病痊癒後得了有限度的陰陽之眼，而她紫青的臉色正代表著她的磁場已深深地被牽絆著：被附上了。所以必須努力念經，借神佛的慈悲力穿過陰陽界來渡化之。然而，我們的病人也是凡人，懶惰之心有之，不夠虔誠之心有之，積善之德尚不足以抵擋如此強大的念力，所以她仍然在特定的時間過著非平常人的生活。

她過得並不順利，很容易被倒債、騙錢、做生意失敗，家人也容易發生意外事件。於是我告誡她，何時方覺醒？雖積弊已深，但放下屠刀，立地成佛。肯發心、發願，則必有成就之日，只怕有心人，信心及毅力不足。

她當然知道我說的是怎麼一回事，這麼多年來她已經找到適應的方法，至少能平靜地過日子。她也不曾再去找精神科醫師。

過了數個月，她回診時，我看她氣色好多了，於是問她近況如何。她說，每次念《藥師琉璃光如來本願功德經》，心裡平靜許多，異象也不太會困擾她。接著，很殊勝的事發生了，她在百貨公司的櫃檯業績變佳，且她先生的工作也順利多了。以前她先生像瘟神一樣，到許多公司任職，公司都經營不善，結束營業者多矣。

案例討論三

葉女士新寡，她原來是新陳代謝的毛病，在門診追蹤近二十年。年過花甲後常常跑醫院，卻不是為了代謝的毛病，而是到心臟科、胸腔科猛看病，因為她患了呼吸困難及氣喘的毛病。

做了一系列的檢查後，她的毛病沒改善，尤其三更半夜常常驚醒，要求子女送她到急診室。每次都被當作氣喘治療，因為一旦病歷上診斷為氣喘，隨後看診的醫師依慣例會傾向以同樣方式治療。有趣的是，每次裝上氧氣、使用支氣管擴張劑的噴劑，她就會覺得踏實多了。

病人自己也很困擾，為何那麼多歲了才得到氣喘病，原本她沒有這個毛病，也沒家族史，不抽菸，胸部X光也很正常。後來胸腔科醫師安排了肺功能檢查，基本上是正常的，除了肺活量有些減少，但沒有典型的阻塞性肺病，以氣管擴張劑來進行試驗，亦沒有任何肺功能的改變。於是醫師認為她可能是敏感性體質，轉介到過敏免疫風濕科做過敏原試驗，結果對灰塵、塵蟎、花草、植物毛皮、食物等，統統都沒有過敏。又轉到心臟科檢查，做了一系列心電圖、運動式心電圖、霍特式二十四小時監視心電圖、心臟超音波、核醫的心臟血管掃描……也沒有得出任何結論。

因為呼吸困難加上胸悶，又會咳嗽，兩科加起來開了六、七種藥，再加上新陳代謝的藥，約十到十一種。但她的病情仍然沒有改善，半夜仍然常常跑急診室。後來，她被轉介到精神科，又開了三種藥，加起來總共十四種藥，但是白天好好的她，到了半夜又會喘起來，心亂如麻，每次仍然把兒女叫醒，陪她掛急診。

最後一次，她指定我當她的主治醫師，急診室的醫師告訴她，不同科不可以這樣。但在她的堅持下，我必須去看她。我認真翻她厚厚一疊病歷，猛然發現一行字，讓我眼睛亮了起來。

病歷上清楚留下我寫的備註：病人的先生得到肺癌末期，要求更新的醫療。

原來，她先生半年前過世了。對照一下病歷，發現許多吻合之處：胸痛、呼吸困難、窒息感，甚至咳嗽……她先生的末期肺癌症狀，竟然出現在這位病人身上：她正在模仿她先生的症狀。

於是我向她說明，她的症狀與她過世的先生症狀相同，她正在自虐，一方面想念她先生，一方面自己處罰自己，又一方面想引起子女的注意，因為愈是呼吸困難，就愈會往急診處跑。

當我點出這些問題，子女露出不可思議的眼神，但我是她母親二十年來的醫師，他們也尊重我的看法。這時，葉女士整個臉都圓了起來，打從心裡的微笑，也不說什麼話，就是微笑。

我叮嚀她，從今起，所有心血管及氣管擴張劑一律刪除，她不需要這些沒有作用的藥。她同意，但仍想保留氣管噴劑，因為這些日子來，她身上都帶著噴劑，比較心安。

最後，我建議她多做些靈性的功課，往者已矣，不能活在過去，應走出陰霾，多跟孩子、孫子親近，培養興趣，陶冶性情，多找朋友聊聊，聽聽人生智慧之語，為後半輩子養老重新做安排。想念先生時，多念經迴向，消業也是功德。

積善之家，必有餘慶

「大財主欲進入天國，比駱駝穿過針的孔眼還要困難，除非在世間行善、布施。」（《馬太福音》）

積善之家，必有餘慶。有些人生了一些怪病或難治的病，但無論如何延請高明的醫師，也多方求神佛保佑，病情依然每況愈下，甚至比醫師預估的存活期更短，就連自費買了許多高貴的新科技實驗用藥，仍回天乏術。但有些人，總是運氣比較好，病情的恢復比預期的還要好，甚至有奇蹟出現，令專家跌破眼鏡。他們也沒有特別的祕方、仙丹，也沒有在生病後捐錢蓋廟。

為何兩者之間看似相同，但結果迥異？

臨床上我們很常看到此現象：人間的權勢在神的國度裡不起任何作用，天公疼憨人。有些病人得了重症、怪病，難免隨俗在寺廟頂禮、求籤，或有字裡行間詩文中明示有祖先之餘蔭，可以逢凶化吉。這在臨床上也可以看到，病人本身或許並沒有特別的作為，而是祖先的積業庇蔭了子孫。

相反地，祖先從來未積陰德者，即使求神亦難有靈驗，誠所謂造化弄人。當然，走到這一步，即已將醫療上的變數排除在外。

神佛常借醫師之手，在靈光乍現時出現神來之筆，做出正確的診斷與治療。尤其是一些奇怪的疑難雜症，依一般的學理思維無法診治者，往往有峰迴路轉之勢。相對地，有些原本平常的病痛，卻在連續的錯誤決斷下，病情一路惡化到無法回天。其中的奧妙，真的不可思議。

所謂貴人、聖手皆因時、因勢、因造化而定，非任何臨床路徑所能整理出來的。雖說事在人為，但謀事在人，成事在天。積善之家是好樣的，例如微軟大亨比爾．蓋茲的基金會資助了英國牛津新冠病毒疫苗的開發，研發者與資助的基金會不收分文權利金。

「多有財利行事不義，不如少有財利，行事公義。保守你命的豈不知道嗎？他豈不按各人所行的報應各人嗎？」（《箴言》24：12）

第十一章

語重心長：現代人如何離苦得樂

語重心長：現代人如何離苦得樂

當我們吸收愈多文明的知識、生存用的職能技巧，鑽研人際溝通，提防爾虞我詐的現實生活，靈性與自性的覺知也遁入潛意識中，不再陪伴我們生活裡的每個片刻。

醫者的難處與挑戰

許多有安寧病房的醫院設了宗教師的部門，為臨終病患提供臨終關懷及靈性的帶領，主要希望病者能一路好走。有些捨不下在世親人者，偶爾會求家人救救他，因為他不能死，塵緣未了，無法想像死後的世界，他尚未準備好，而不是怕死。

有次北部聯合各大醫院，辦了一次臨終關懷的研討會，其中有一場演講，安排宗教關懷師做臨床應用的介紹。講師為某大醫院的法師，後來由女弟子出來講說，內容不外乎多傾聽、禱告。陪伴病患處理情緒時，往往自己也難過得哭成一團，其實要帶領臨終病人，不是一件容易的事，而最勝任的人也不一定是安寧病房的醫者、照護者，而是有長期相處經驗的主治醫師或護理師。平常就可以多方釋出入世、出世的人生想法，但這點談何容易，每個病人的入世處境各有不同，每個屋簷下都有一本難念的經。

國民健康署有意提升臨終病人的生活品質，首先想到的是疼痛控制及生活品質，最後想到的才是如何進行臨終心靈的關懷。而醫護人員雖有心投入，但對人生出世、入世的種種，若沒有豁達的心胸、靈變通達的技巧及圓融的社會歷練，又怎麼應對千奇百怪的種種臨床問題？

不是人在、心在就可以，需要的是能力與投入。然而病人的主治醫師往往忙碌於入世的工作上，本身又是學生命科學的，所以主力全放在如何治好病人或延長生命，在兩者都不可得時，通常是轉給由他人照顧的安寧病房，或向家屬表示無能為力，愛莫能助。

有些病人會覺得孤單、無助、毫無希望，其實此刻方為靈性生命的起點或轉折點，病者很脆弱，也會很容易接受宗教的洗禮。畢竟很多人的神性容易在此時顯現出來。平常太忙於事業，追求名利及財富，但並不表示他們沒有心靈上的需求，所謂放下屠刀，立地成佛。屠刀並非殺雞宰牛的刀，任何職場上汲汲營營的謀生利器也都是廣義的屠刀。在爾虞我詐的社會裡，不論有沒有功成名就，每個人都有一把在社會競爭的屠刀。

地獄不空，誓不成佛。每位醫師、護理師都是白袍天使，救贖靈性的生命都是天職，不應退卻，雖披荊斬棘，或飽受批評，也應在所不辭。

醫師若能救病人的命，就把他們帶到入世的世界，有些病人在鬼門關前走過一回，他們很自然地會有靈性上的成長，這點是很奇妙的，與狄更斯的《小氣財神》（*A Christmas Carol*）中的主人翁不謀而合。若不能救病人的生命，那麼也應該把病者安置於適合出世的環境中，提早學習出世的功課，盡量提升病者之理性與誠心。

莊子曰：「且夫乘物以遊心，託不得已以養中，至矣。何作為報也？莫若為致命，此其難者。」生死大關實為個人自性的總檢討，唯有平時做好準備功課、平日注重修行修道的人，比較能看得開，走得順利。當然我們也看到很多坦然面對的人，人生自古誰無死，看得開、放得下也算是有修為的人了。多少人為此關走得不順利，家屬不捨而呼天搶地，抬棺抗議，訴訟求償，人性的高貴與醜陋全顯露無遺。

末法世代的醫者，其責任之艱鉅及險峻可見一斑。尤其人權高漲的社會裡，法律的天秤逐漸向人權、民意傾斜，醫者人人為求自保，不願多事，如此更加深醫病間的不信賴。個人悲觀地以為這種趨勢很難改善，難怪年輕的醫師不願走困難度高的血液腫瘤科，尤其小兒、血液腫瘤科往往青黃不接，情況堪虞。

幸福不假外求

人難得有覺知自性的時候，除非我們靜心、沉默，將自我與大自然融合，自然有萬物與我一體、天地與我並生的感動。當我們吸收愈多文明的知識、生存用的職能技巧，鑽研人際溝通，提防爾虞我詐的現實生活時，靈性與自性的覺知已遁入潛意識中，不再陪伴我們生活裡的每個片刻。

有人說是良知麻木了，但絕少人承認自己麻木不仁。在工業社會的現代文明裡，生活競爭愈來愈激烈，在視覺及感官的刺激下，推銷術將欲望撐得無法饜足，政客及野心家也早就把道德倫理塞在律法的夾縫中。這是潮流，勢不可當，順我者昌，適者生存。商機就像滿天的烏雲，籠罩在已開發國家，甚至是開發中國家，就連老、病也變成現代醫藥界最大的商機，像是抗氧化劑、防老化、美容整形……甚至，死亡的商機也是非常大，從靈骨塔、風水寶地，到各種新科技的醫藥，病雖治不好，但延長了病人接受更多功課、折磨的時間，帶病存活者每多活一個月，幾乎要花費新台幣十萬元以上，卻又無法治癒。難怪年輕人愈來愈不快樂，因為不合理的保險體制或家庭經濟，全數會轉嫁到年輕人身上。

在這種大環境中，能如何解脫煩惱呢？其實要整頓並不難，只要知足常樂，不過分追求形體的欲望，又可以回到祥和樂利的社會。

現代工業文明本來想追求的是安逸幸福的生活，但機器取代勞力、電腦取代人腦後，工作機會變少了，物質喜愛的代價變高了，人情的溫暖則變薄了。功利主義充斥整個地球，於是乎，生老病死也必須用功利實用的法則加以檢定。愈來愈多無效的醫療出現後，醫學倫理的重視也漸漸地提升，不但很難互相諒解，反而在期望過高的情況下，出現更多的爭執與不滿。

現代人真的沒有比較快樂，因為他們不認為有天機存在，一切事在人為，有錯也應該是人的錯；沒有了天，也就沒有天大的錯誤。就連尖端醫學也變成了現代的軍火，軍備競賽的戲碼已悄悄地在醫藥界上演：滿滿的治不好的癌症，商機大得很，哪裡有天機？

放下對教法、形式的執著

世上有不少人認為自己的理論最好，師心自用，以自己的標準作為評量的準繩，故學派上也好，宗教團體也好，總是有許多學派、門派、教派，彼此間的相容性，一般說來是有限的。其中，文字的語義、定義的見解分歧，更加深溝通上的困難。

對此，莊子有他特別的感觸。春秋戰國期間有諸子百家爭鳴，多少超凡入聖、將可成德之人，只因德有心而心有睫，而敗於成見之上。真正成德之人慈悲喜捨，不爭名，不求利，更無意識形態之爭，一切法都不可說，不以文字般若來約束思想。正所謂「道出於機，而入於機」，道乃非常道，非常明。

正確的立論與光明的方向，皆可用來警惕我們遠離無明煩惱的泥沼。形容可以枯槁，心靈不可以萎謝；靈性的體認與最後的考驗，仍有待於包容更寬廣的資糧。

我個人以為，身為人，在處事接物之中不一定需要宗教信仰，而不同的宗教信仰在某種場合，卻會帶來彼此之間的傷害，就如同不同的政治立場一樣。其差異之巨，輕者格格不入，重則互相撻伐，實非以信義為接物處事之道，亦非理性之爭辯。在真理的追尋與大愛的落實前提之下，只要理性地處理，沒有什麼事不能和和氣氣地談。

一位四十歲的婦女罹患嚴重的溶血性貧血，在兩間大型醫院醫治數月，病情未見改善。後來經由其妹的介紹轉輾到我的門診，她在隨後的住院期間做了一個奇怪的夢：她突然夢見數位神佛樣的人物圍在身邊，慈悲地對待她。後來她被診斷為惡性淋巴癌，接受化學治療後得到完全緩解。到現在已經十年多了，她才告訴我她曾經有這個夢，她原來是基督徒，因此因緣而改信佛教，所以她也不想讓人知道。我想，相反的例子也是有的，當然一般病人不會告訴醫師，也沒有把握醫師會相信他們的故事。

佛陀曰：「說法如筏諭者，法尚應捨，何況非法。」其實這是告訴我們，用心去體會，而不執著於教法與形式；不執著於「有」與「無」、「是」與「非」的兩邊成見。此種觀點正回應了莊子「道通為一」的無為思想：生是無為，死亦無所為。有這種沒有分別心、不執著的胸懷，方能拋棄所知障與煩惱障。此生走到了盡頭，所有的功課都將已成就，所有重擔都應放下，最後的心識應回歸於道，入於機；回歸自然，天人合一，回到孩童時的天真與純潔。道心就是聖潔的心，此時當有聖靈充滿的喜悅，正如坐忘與心齋的逍遙，這才是功德圓滿。

可惜的是，臨終之人多有罣礙，有恐有怖，有顛倒夢想。這樣的路並不好走，也很難究竟，為自己與家人空留遺憾。事實上，凡夫俗子在經過多重的人生歷練後，若沒有體認到靈性真、善、美的重要，無法領悟屬靈的世界與宇宙間因果律的超凡力量，那麼也將無法得到最後的安息。只要不執著我的肉身存在，放掉自我，就可以回到造物者的身邊。

抛開成見，慈悲喜捨，苦樂雙亡。若能唯心直進，不強調個人的存在，進入無我的境界，便能得到靈性的寄託。誠如《成唯識論》所言，證我空，法空，滅除愛、樂、欣、喜，褪盡五蘊六識，去所知障及煩惱障，則成德不遠矣（《成唯識論》：「三謂窮生死蘊。四謂賴耶愛樂欣喜。」愛是阿賴耶識的總句，樂為現世耽著；樂為現世耽著；欣是過去曾經耽著，喜是未來照常愛著它。金剛道後異熟空，愛樂欣喜都要空掉）。

雖然如此，一般人能體認屬靈世界的重要性者或許不算多，若無足夠的因緣際遇，實在很難打開這一扇窗。畢竟每個人要走的路不同，道不同不相為謀。道家有言：「夫明之不勝神也久矣，而愚者恃其所見入於人，其功外也，不亦悲乎！」有志之士以德示人，反遭不必要的批評，因此主動與被動之間如何拿捏，是大學問。

莊子曰：「寡不道以懽成，事若不成，則必有人道之患；事若成，則必有陰陽之患；若成若不成而後無患者，唯有德者能之。」畢竟看破生死之間，每個人有不同的機緣，絕對不可強求。

第十二章

從《楞伽經》談解脫

從《楞伽經》談解脫

人的一生，前半段在學習如何安身；後半段人生則在體驗如何立命、安老，接受死亡，把最後的功課做好。也就是學習放下、得到解脫。

解脫妄想的重要經書

《楞伽經》是與《金剛經》有同等分量的般若部佛典，也是禪宗達摩祖師帶來東土的最重要典籍。若比喻《金剛經》主旨在解空，故由須菩提來提問，那麼

《楞伽經》則是一部解脫妄想（煩惱）的最重要經書，由大慧菩薩提問。

《楞伽經》以四句（有、無、俱、離）觀一切法，辯證「實有」與「存有」的七種性自性，機轉為催化內在、外表，以時間軸貫穿過去、現在、未來。不說因，不說無因，衍生出禪宗參話頭，說一即不中。

各種相之輾轉，非思量（第六識、第七識）所能理解，因之以各種業相、真相、法相之共相來觀一切法。如此業相藏諸於大海般，譬如海浮木，常隨波浪轉。

進一步說，法界諸變化周而復始，故曰「常」；又一切法性各不同，又曰「無常」。再以常與無常的交錯變化而交融出人性的妄想，因而無法明心見性。

所謂隨業流轉，不得出離（所以輪迴），若以明心見性的開導而言，熟讀《楞伽經》更有助於思辨。最重要的是，我們自我分析，從小到大，在功利主義社會中，競爭、欲望與夢想是推動所謂「成功」的原動力。

現在文明如此，古代人們也是如此，因為生存競爭無所不在。諸患皆從愛起（卷三），耽於愛、欲、欣、喜，因之執著名相，故無法解脫煩惱。這是莊子所謂的「物於物」，鳥的翅膀、老虎的利齒是借來用的，取其所需、維持生物鏈的平衡才可以長久，人類不該自視為萬物之靈而肆意破壞地球。今生貪愛享受，必有來世苦果。鏡花賽水月，都是空華之物，又何必計度高下或裝腔作勢？現今國際局勢詭譎多變，主宰、製造衝突者，離大道遠矣。

全球價值觀也一樣。譬如工畫師，彩畫中無心，心中無彩畫，只為了興趣。至少梵谷的心中是如此，若他知道他的名畫〈星空〉、〈向日葵〉被炒作成天價，應該會哈哈大笑，想著世人真瘋狂。難道義大利的達文西創世之作，是想藉由蒙娜麗莎神祕的微笑來睥睨後世之人，眾生追逐稀有、美好之物嗎？反觀名畫〈拾穗〉，米勒很經典地刻劃出人生的真實面，生活的堅苦與充實，但沒有太離譜的炒作，只因黃昏的拾穗反映了人生的苦與無奈。

大自然的鬼斧神工更勝於畫作，耽愛成迷茫就是有計度心的妄想，活在無實體的空中樓閣。把Prada服飾或LV名牌皮包送給牧羊女作禮物，實用嗎？文明、教育、經濟理論制約了人類的思想？

《楞伽經》卷三提出重點：「妄想計有無，若知無所生，亦復無所滅，觀世悉空寂，有無（斷、常）二俱離。」對應到《心經》，就是不生不滅，不垢不淨，不增不減。無種而有生，生已而復滅，因緣非有無，云何而得無。進一步說，我們以印心來證之，就是離相不著相，既是離相，就不是文字妄想可以言傳。

以心印心是宗通，不立文字，不言說。當然就不說因緣相縛（註：相縛，佛學專有名詞，指為假相所縛而感到不自在），若有相縛，今世如何，來世又如何，則不得解脫。內、外不可得，不可說；過去、現在、未來皆不可得，證得煩惱性相同或是相異。您、我、他的煩惱不異，相縛的因與果，也沒有其本性，因為是空性，所以可以隨時解開相縛，如此可以緣覺自性解脫，即脫離相對時間與空間的束縛。

以心印心，不著文字。無種而生，生而復滅。
非有非生，緣覺解脫。遠離諸相，事現無現。

人生哲學對傳統文化的衝擊：死亡不是禁忌

靈性困擾的發生，可以說是眾生第六、七、八識的向上（昇華）與向下（沉淪）相衝突，造成思覺障礙，調適不良，不知何去何從、如何適應。面臨生命終點時，病患可以意識到死亡的來臨，或快或慢；那份不確定感，加上對死亡的恐懼，孤獨面對未知，或黑暗或光明，因此有人恐懼，也有不少人重度憂鬱。這些心理機轉不同於剛被診斷得到癌症或快速不治之症者，因為這是死亡的降臨，離開陽界的最後一刻。

生死之轉換或有悲欣交集，但有靈性修為的人，妄想少，習氣執著不多，所以可以清靜面對、接受死亡。或許腦內啡分泌的多寡也有不同，因而可以縱浪大化中，無喜亦無懼。

●

家慈罹患肺間皮癌多年，最後的日子胸痛難熬，接受神經阻斷術及嗎啡注射，最後的一週是平靜的。看護問她，要不要到台北找小兒子？她說，平靜就好，什麼都不想了。當晚沐浴時，肺部大出血，旋即休克，走完人生。

告別式後約兩週，我夢見母親。在布滿藍光的時空中，她微笑飄過來見我，我高興地迎前抱她，接著母親消失。當下淚流滿面，但心是踏實的，雖然仍自責沒隨侍在側。

人的一生，前半段在學習如何安身，後半段人生則在體驗如何立命、安老，接受死亡，把最後的功課做好。也就是學習放下、得到解脫；所謂梵行已立，所作已作。能否不受後有（註：指身心解脫，不再到人間輪迴生死，永享清淨安樂的涅槃境界），端看造化。怎麼塑造就成就什麼。

在華人社會裡，許多白髮族、退休人士會在人生的後半段親近善知識，到道場、寺廟聽講佛經，或與道友、蓮友分享心得。吃齋念佛，清淨身心、解脫煩惱，廣義而言也是在修生死學。

我們在成長過程受太多文字、人文科學的薰陶，社會價值觀轉向全球化，包括功利與實用主義，大大地遠離了返璞歸真的簡樸生活，無法天人合一、逍遙自在。往往在死亡來臨前，仍有情仇愛恨、名利財色的煩惱，有怨有恨，有許多不滿，這不是作繭自縛嗎？

打破有無、相縛妄想。我們一輩子的學習，乃至於離苦得樂、安身立命，知有生滅，這是所謂入世觀之識。再來，我們懂得放下煩惱，最後才是轉識成智，彼生滅是識，不生不滅是智，學得人世間不過是一種共相、一合相。有實相、有虛相，也需打破，此分別超越有無的相是智；知道有神鬼，且遠離神鬼，陰陽不出不入故，如水中月（卷三第十章）。悟證不生不滅來觀所有法，是為出世間上上智。

其實道家的「天人合一」、莊子的「至人」，也是出世間上上智者。飽食而遨遊，泛若不繫之舟，無所從來，亦無所去，凡事無所求，也不問為什麼。

巧者勞，智者憂，計著「有無」，就是妄想。復計著「相續」，更是重重妄想。一切法如幻，言說妄想，如蠶作繭，妄想絲自纏纏他，就是無間煩惱。有相續想法，就如同世間的緣起（下輩子如何如何），佛陀稱此為無實體的空中樓閣，如《天龍八部》中的乾闥婆城（卷四）。佛陀預言在末法時期，外道、世論充斥，自壞壞世間，告誡大慧，世間言論應當遠離，以能招致若生因故（起心動念，破壞圓覺），慎勿習慣接近。

吾人若能逃離相續的網即得解脫。簡單地說，就是放空，身空空，心空空，意也空空。「庵中不見庵前物，水自茫茫花自紅。」（《十牛圖頌》）

三解脫門：空、無相、無作

《楞伽經》的教法是不生妄想（可以解釋為不起心動念），不妄想有因、無因、異不異、常無常、有非有。如此得「空」、「無相」、「無作」，則得入三解脫門，名為解脫。入世出世間不受後有，無應無著，譬如莊子所言：「至人之用心若鏡，不將不迎，應而不藏，故能勝物而不傷。」也就是確確實實地離心、意、意識。

然而，雖然了悟吾人應離心、意、意識，但是仍有身相，又該如何處理此臭皮囊之來去？

《楞伽經》第三卷說明，「意生身」的分別通相，有所謂「三昧樂正受意生身」、「覺法自性性意生身」、「種類俱生無行作意生身」。因定、覺、行（無行）而得分別通相，既覺悟無我，依本來面目在任何時間、做任何事，皆逍遙自在，無作無為，飽食遨遊，隨順無礙，則不應有身相，壽者相、涅槃相，有相即落煩惱障。雖於過去習性有因果業報，但若聞佛法，縱使有無間業，亦於未來世不墮愚痴，再遇善知識除愚悔過，解脫妄想。

從《楞伽經》的說理來看，臨終者的種種情境與思維，如生、老、病、死、憂、悲、苦、惱，皆為各種流變的身相。止息相續的念頭，不言說也不受世論蒙蔽，不造二障（所知障、煩惱障）。因為一切法不生，我身也不生，即不入無擇地獄。「意生身」是梵文翻譯：由意來轉化成身，轉身就是轉意，解脫肉體就如同衛星脫離火箭推進器、進入太空。我們稱人的死亡為「過身」，最好過身之時，順勢轉身成佛。

身為醫者，有時會觀察到臨終者呈現平和之相貌，惟然家屬仍有罣礙，意圖勸進病患多努力、加把勁，「健康會好起來，一定會有奇蹟」……奇蹟是多麼奇妙的事，有些教派會把施行神蹟者列入封聖的評量，但其實這不是神蹟，而是世俗之見。平和的面相就已經是解脫的瑞相，是很不容易的事。

即將往生者已預知其身後之事，是喜？是悲？不喜不悲？不懼？其實不將不迎，平和面對，恬靜接受就是智慧。我們能改變什麼嗎？這時應放下執著，遠離妄想，上師相應也好，助念也可以。

為何都在往生後做法會？生前告別式的觀念，現在也被接受了。把生前告別式當作畢業典禮，死亡之旅就如同畢業旅行，方死方生，出世入世，法界不動，不生不滅。

莊子言，其生不能怯（嬰兒是一定會被生下來的），其去不能止（臨終者的死亡，是無法停止的）。順應自然、回歸自然，得入無生法忍的第八不動地，「生滅既滅，寂滅現前」（《楞伽經》，卷六），這個過程就是功德圓滿。就是接受，放下。

【後記】

我的信仰

有些讀者想知道我信奉什麼宗教，基督徒讀者會肯定我是基督徒，佛教徒的朋友會認為我是佛教徒。到底作者的宗教背景對讀者是否重要？會不會影響他們，有無認同感或思想上的喜好？就連編輯們也很好奇，或許對部分讀者而言，認識作者的宗教思想及其他背景也是重要的。

其實，從字裡行間所引用的文章、經節、軼事，大概可以猜測出作者的哲學、宗教思想取向。佛經云：智不分高低，人不分種族都是平等的，沒有分別心的。好人、壞人、虔誠基督徒、猶太人、撒馬利亞人、知識分子、升斗小民……也都適合他們的信仰，都是平等的。所謂萬法歸宗，殊途同流，每位病患都希望能跟醫護人員有良好的溝通，就如同用各種方言問診，才能達到最好的效果。

台灣大部分國民的民俗信仰，是釋、道、儒混合，以釋為理，以道為體，以儒為用，調和出世與入世的綜合人生哲學。一貫道在台灣的普遍性很高，佛教徒也不少（禪宗、淨土宗、天台宗、日蓮宗、黃教、紅教、南傳、密宗），基督教、天主教也有一定人口，東正教及穆斯林為少數。但多數教育程度高者持不可知論，只相信科學。

我在四十歲以前是不可知論者，父親曾教導我，求職時宗教信仰欄位最好填寫「佛教徒」，不要空白；儒學不是宗教，主管會傾向認為有宗教信仰者品格有保證。我遵循了父親的教誨。醫學院畢業後，我先到天主教耕莘醫院服務一年，再到馬偕醫院服務，迄今四十一年。青春歲月中受教會影響很大，常常在醫院大禮拜時翻閱《聖經》，也曾有幾次接受聖歌隊徵召，於聖誕節前夕在大禮拜擔綱獨唱彌賽亞。西方主流的宗教背景已深植我心。

後來有機緣接到一本《金剛經》，滿喜歡其原文。當時還在雙連教會慕道，研讀了《金剛經》與《心經》，還是沒有徹底頓悟，缺少同儕間生命哲學的討論，更無法觸及生死議題——雖然醫院裡常常有此大戲，仍無法詳知解決方法。有一些談論菩提之類的刊物書籍流傳，但仍無法打動內心。有一天，我的腸胃科同學提醒我，「那些重病康復者不是只有因為你的醫治」，我突然覺得當頭棒喝。確實，有些病患康復得超過預期，那又是什麼不可知力量的影響？

後來體悟到《聖經》名言：「生有時，死有時，栽種有時，收成有時」，一切都是因著祂的大能，神的影子。不明究竟者會譏諷為宿命論調，不甚可取。我後來藉閱讀西洋哲學找尋答案，尤其鍾愛荷蘭猶太裔哲學家斯賓諾莎的命定論，以及德國哲學家康德的《純粹理性批判》，因而有了自然神的概念，所謂頭上三尺有神明。接著發現康德的學說受宋明理學的影響，萬物無體，以心的感應為體。進而再從老子、莊子的思想比對同時空下釋迦牟尼佛的教法，發現有著相當大的相似性，更是讓人激動先哲的思想如此精闢：「道可道，非常道」，就是無一法可說，不可說。無與有，同出而異名；就是不一不異，不落兩邊。空與色如同手的手心、手背兩邊，可取可放。

《金剛經》琢磨了二十年，我才藉《楞嚴經》、《楞伽經》突破精髓，如本書再版增修部分。即，「識」與「業」、「相」、流注、「藏」的輪轉，與滅、盡、定的正覺。我承認自己所採的，是以老莊思想為用、以佛教為體的人生哲學，但我既未皈依、未入宗派，也不吃素，不好說是佛教徒，只可以說是追隨者。現在也不好稱自己是慕道友。

虛雲老和尚說，修與不修，參與不參，惟一心而已，其餘皆如葛藤。我的人生哲學是方便行醫，醫治各種宗教信仰的人，也明白他們面對生命終點的處理，廣結善緣而不受任何宗教標記，並協助他們從容面對生死關頭。

結語

生老病死是人生的四大功課，隨時都發生在我們四周。唯有達生命的情者，方知「生」之所無以為、「命」之所無可奈何。君子有終身之憂，而無一朝之患，所以平常即應誠心修身，徹悟生命的真正意義，追尋靈性的生命，才是我們畢生的功課。

當困難發生時，必有解決之路。神所考驗我們的，也必賜予我們能力。本書想闡明的，就是《聖經》中所羅門王的《箴言》的第一句話：「敬畏神才是智慧的開端。」

在諸多考驗中，逆時順處，「雖有智慧，不如乘勢；雖有鎡基，不如待時。」（《孟子》）。隨緣而安；悠然而來，悠然而往。若能如此，也算圓滿了。

靈性困擾其實發生率並不算高，但廣義的調適不良及憂鬱症的比率卻是很高的。

所以臨床安寧療護的專業人員必須常懷警覺心，敏銳觀察病者多變暨偽裝的呼喊，發揮我們的專業與愛心，才不愧上天賦予我們的神聖職責。生病的人如同走在黑夜的路上，若我們只是與他同行，仍免不去身處黑暗的害怕與無助。為他點上一盞光明的燈，照亮徬徨的心靈，一路護送到平安的淨土，我們可以一起努力。

國家圖書館預行編目資料

死亡癱瘓一切的知識——臨終前的靈性照護/張明志著. -- 初版. -- 臺北市 : 寶瓶文化事業股份有限公司, 2021.08 面 ; 公分. -- (Vision ; 214)
ISBN 978-986-406-248-5(平裝)
1.生死學
191.9 110008607

Vision 214

死亡癱瘓一切的知識——臨終前的靈性照護

作者／張明志

發行人／張寶琴
社長兼總編輯／朱亞君
副總編輯／張純玲
資深編輯／丁慧瑋
編輯／林婕伃
美術主編／林慧雯
校對／林婕伃・陳佩伶・劉素芬・張明志
營銷部主任／林歆婕 業務專員／林裕翔 企劃專員／李祉萱
財務主任／歐素琪
出版者／寶瓶文化事業股份有限公司
地址／台北市110信義區基隆路一段180號8樓
電話／(02)27494988 傳真／(02)27495072
郵政劃撥／19446403 寶瓶文化事業股份有限公司
印刷廠／世和印製企業有限公司
總經銷／大和書報圖書股份有限公司 電話／(02)89902588
地址／新北市五股工業區五工五路2號 傳真／(02)22997900
E-mail／aquarius@udngroup.com

法律顧問／理律法律事務所陳長文律師、蔣大中律師
如有破損或裝訂錯誤，請寄回本公司更換
著作完成日期／二〇二一年
初版一刷+日期／二〇二一年八月二十三日
ISBN／978-986-406-248-5
定價／三四〇元

AQUARIUS 寶瓶 文化事業

愛書人卡

感謝您熱心的為我們填寫，
對您的意見，我們會認真的加以參考，
希望寶瓶文化推出的每一本書，都能得到您的肯定與永遠的支持。

系列：Vision 214　書名：死亡癱瘓一切的知識——臨終前的靈性照護

1. 姓名：__________　性別：□男　□女

2. 生日：_____年_____月_____日

3. 教育程度：□大學以上　□大學　□專科　□高中、高職　□高中職以下

4. 職業：__________

5. 聯絡地址：____________________

聯絡電話：__________　手機：__________

6. E-mail信箱：____________________

□同意　□不同意　免費獲得寶瓶文化叢書訊息

7. 購買日期：_____ 年 _____ 月 _____日

8. 您得知本書的管道：□報紙／雜誌　□電視／電台　□親友介紹　□逛書店　□網路　□傳單／海報　□廣告　□其他

9. 您在哪裡買到本書：□書店，店名__________　□劃撥　□現場活動　□贈書　□網路購書，網站名稱：__________　□其他__________

10. 對本書的建議：（請填代號　1. 滿意　2. 尚可　3. 再改進，請提供意見）

內容：__________

封面：__________

編排：__________

其他：__________

綜合意見：____________________

11. 希望我們未來出版哪一類的書籍：____________________

讓文字與書寫的聲音大鳴大放

寶瓶文化事業股份有限公司

（請沿此虛線剪下）

廣 告 回 函
北區郵政管理局登記
證北台字15345號
免貼郵票

寶瓶文化事業股份有限公司 收

110台北市信義區基隆路一段180號8樓

8F,180 KEELUNG RD.,SEC.1,

TAIPEI.(110)TAIWAN R.O.C.

（請沿虛線對折後寄回，或傳真至02-27495072。謝謝）